Cómo criar hijos
felices y obedientes

Cómo criar hijos felices y obedientes

Roy Lessin

GRUPO NELSON
Una división de Thomas Nelson Publishers
Desde 1798

NASHVILLE DALLAS MÉXICO DF. RÍO DE JANEIRO

**COMO CRIAR HIJOS FELICES
Y OBEDIENTES**

© 1981 EDITORIAL CARIBE
P.O. Box 141000
Nashville, TN 37214-1000

Publicado originalmente en inglés con el título de
HOW TO BE THE PARENTS OF HAPPY AND
OBEDIENT CHILDREN
Copyright © 1978 por Bible Voice, Inc.
Todos los derechos transferidos a Omega Publishers
Publicado por Omega Publishers
Medford, OR 97501 E.U.A.

Versión castellana: M. Francisco Liévano R.

ISBN 0-88113-037-0
ISBN 978-0-88113-037-9

Printed in U.S.A.

E-mail: caribe@editorialcaribe.com

27ª Impresión, 6/2013

www.caribebetania.com

A CHARLENE,
JOEY Y LYDIA,
Dones especiales de Dios para mí

PALABRAS DE AGRADECIMIENTO

Quiero expresar el profundo aprecio de mi corazón a cada una de las personas que Dios ha utilizado para traer bendición a mi vida, y que fielmente me han ofrecido su ayuda, su estímulo y el consejo que necesité para escribir este libro.

"Doy gracias a mi Dios siempre que me acuerdo de vosotros" (Filipenses 1:3).

CONTENIDO

Introducción

"Así que, por sus frutos los conoceréis" (Mateo 7:20).

"Aun el muchacho es conocido por sus hechos,
Si su conducta fuere limpia y recta" (Proverbios 20:11).

El propósito de este libro es el de ayudar a animar a los padres para que lleguen a la meta de tener hijos felices y obedientes. Estos son los frutos que Dios nos prometió para nuestros hijos si nosotros seguimos su camino. Hoy hay muchas enseñanzas y filosofías que tratan el tema de la crianza de los hijos. Creo que una prueba válida para cualquier enseñanza o filosofía que trate este tema consiste en observar la clase de fruto que está produciendo. Si los resultados finales no son la felicidad y la obediencia, eso quiere decir que en alguna parte no se han dado o aplicado adecuadamente las instrucciones de Dios.

La oportunidad que tuve de observar a mi suegro en el proceso de cultivar sus cosechas, me proporcionó una manera útil de comprender los pasos que debía dar para ver que en mis hijos se produjeran los frutos de la felicidad y la obediencia.

Mi suegro quería que su tierra le produjera una buena cosecha. Para que esto ocurriera, debía dar ciertos pasos. El solo hecho de poseer la tierra no era suficiente. Si ésta era descuidada, sólo produciría malezas y cardos. Para que el campo produjera una cosecha, había que sembrar semillas en él. Sin embargo, antes de sembrar las semillas, había que preparar el terreno. Se aró el terreno, se arrancaron las yerbas y se quitaron las piedras. Se enriqueció el terreno con nutrientes y fertilizantes. Así que, el éxito de una cosecha se basó grandemente en la preparación del suelo antes de plantar las semillas.

Después de que se sembraron las semillas, y la plantación comenzó a crecer, fueron necesarios otros cuidados. El equilibrio correcto entre el sol y la lluvia también determina el éxito de la cosecha.

Comprendí que Dios quería producir una cosecha próspera en mis hijos. El la llamó "los frutos apacibles de justicia". Son los frutos de la felicidad y la obediencia. Comprendí que esta cosecha no podría producirse automáticamente. Dios me había encomendado a mí, como padre, ciertas responsabilidades en relación con la preparación del terreno, la siembra y el cuidado de la cosecha en su desarrollo. El sería fiel en proporcionar el alimento necesario para que hubiera una cosecha próspera.

Necesitaba ayudar a preparar los corazones de mis hijos para que recibieran la semilla de la Palabra de Dios, a través del amor y de la oración. Necesitaba ayudar a arrancar las malezas que se desarrollarían en el carácter de ellos, y ayudar a estimular una cosecha abundante por medio de mis palabras y acciones.

Algunas veces la gente hace este comentario: "Criar a un niño en los caminos de Dios es un trabajo muy difícil!" Cierto, es un trabajo, y bien difícil. Pero no es imposible. El padre y la madre siempre tienen que tener delante de sí el propósito de su labor: la cosecha.

Cuando por primera vez me enfrenté a la responsabilidad de ser padre, me sentí abrumado. Me sentí totalmente inadecuado para esa tarea. En aquel tiempo, oraba diciendo: "Señor, nunca he sido padre. No tengo esa capacidad. ¿Qué sucederá si cometo errores?" Luego, al leer el Salmo 32:8, me vino la amorosa respuesta del Señor: "Te haré entender, y te enseñaré el camino en que debes andar; sobre ti fijaré mis ojos".

Sin embargo, me volvía la intranquilidad y seguía orando así: "Señor, ¿comprenderán realmente mis hijos lo que estoy buscando? ¿Comprenderán las cosas que tú quieres que ellos comprendan?" Y Dios me contestaba de nuevo. Esta vez con Isaías 54:13: "Y todos tus hijos serán enseñados por Jehová; y se multiplicará la paz de tus hijos".

Al fin comprendí lo que Dios me decía. Me estaba confirmando que El comprendía mi deseo de instruir a mis hijos en sus caminos y ver en ellos los frutos de la felicidad y la obediencia. El conocía mi debilidad y me estaba asegurando que la responsabilidad de ser padre no sería para mí una carga tan grande que no la pudiera soportar, pues El estaría conmigo. Me indicaba que El y yo éramos colaboradores en el campo de labranza de las vidas de mis hijos.

Este libro tiene dos partes principales. La Parte I se denomina "Los Padres". No es un profundo estudio sobre las relaciones entre marido y mujer. (Actualmente hay muchos libros que tratan este tema.) Más bien, se abarcan los principios importantes para el establecimiento de una base adecuada en el hogar, principios que son vitales para tener éxito en la formación de unos hijos felices y obedientes.

La Parte II lleva por título "Principios de instrucción". Abarca los principios prácticos tomados de la Palabra de Dios que es necesario aplicar a las vidas de los hijos mientras son educados por sus padres. Es importante entender que no hay ningún capítulo en esta sección que sea él solo la clave para la formación de hijos felices y obedientes. Todos los capítulos deben tomarse como un todo. A medida que el lector avanza en la lectura, descubrirá que los capítulos se equilibran entre sí.

Hay otro punto que es importante tener en mente mientras se lee este libro. Los ejemplos tomados de la vida de mi propia familia y de las vidas de otras personas que se usan aquí, sólo tienen el propósito de ilustrar un principio. Lo importante es que el principio sea entendido por el lector y lo aplique en su familia. Las necesidades de cada familia son diferentes. Una ilustración que indique lo que Dios hizo en mi familia no significa que vaya a hacer exactamente lo mismo en la suya. Dios es creativo y quiere manifestarle su amor de una manera especial. La relación que El tenga con usted y con su familia será única. Permita que El mismo haga la aplicación de los principios contenidos en su Palabra para que usted y su familia los sigan.

PARTE I:
Los padres

DIOS PADRE
↕
DIOS HIJO
↕
DIOS ESPIRITU SANTO
↕
PADRE
↕
MADRE
↕
HIJOS

Nota: Cuando se use esta ilustración en los capítulos
siguientes, las flechas ascendentes indican sumisión;
las descendentes indican servicio.

1

La familia en los planes de Dios

"Y creó Dios al hombre a su imagen . . . varón y hembra los creó. Y los bendijo Dios, y les dijo: Fructificad y multiplicaos; llenad la tierra, y sojuzgadla . . . Y vio Dios todo lo que había hecho, y he aquí que era bueno en gran manera" (Génesis 1:27, 28, 31).

La familia es una idea de Dios. El la estableció. El fue quien unió en matrimonio al primer hombre y a la primera mujer. La relación entre ellos era buena. Dios la bendijo. Y esta relación tenía el propósito de proporcionar una atmósfera de amor y de orientación para los hijos que habían de venir como fruto de ella.

Pero algo le sucedió a esa primera familia. Adán y Eva decidieron separarse de Dios. Decidieron actuar independientemente. Trastornaron la norma de Dios en sus vidas y en la de su familia. Fue entonces cuando comenzaron los problemas. Dios nunca tuvo la intención de que la familia funcionara sin El. La rebelión de Adán y Eva contra Dios sólo fue el comienzo de la tragedia y la aflicción que vendrían sobre la vida de la familia. Pronto Caín, un hijo de ellos, asesinó a Abel, su hermano. A medida que creció la población de la tierra y la humanidad continuó viviendo separada de Dios, aparecieron el adulterio, la perversión, la vida licenciosa y el divorcio como nuevos enemigos de la familia.

15

Hoy, hay familias en todas partes que están repitiendo los errores que cometió la primera familia. Todavía es cierta la condición de rebelión que describió Isaías en el capítulo 53 de su libro: "Todos nosotros nos descarriamos como ovejas, cada cual se apartó por su camino . . ." La humanidad entera ha preferido vivir separada de las normas y de la bendición de Dios. La esencia del pecado es el estado de rebelión escogido por la primera familia. Y aún continúa siendo el que escogen los individuos, las parejas y las familias de hoy. Los resultados son los mismos: muchas familias se hallan confusas, frustradas y carentes de metas. El egoísmo ha destruido los fundamentos de la familia, y la ha dejado incapaz de resistir las tormentas que se levantan contra ella en nuestros días.

Tenemos que aclarar que no es la institución de la familia la que falla. El problema es causado más bien por la manera como la familia funciona en nuestros tiempos. Alguien dijo una vez, mientras observaba la Mona Lisa de Leonardo de Vinci: "¡No le encuentro nada de especial!" Una guardia del museo alcanzó a oir tal declaración y respondió: "Señor, no es la Mona Lisa la que está en tela de juicio". Eso mismo pasa con la familia. Dios la instituyó. La estableció. Cuando se mantiene adecuadamente, El la bendice y la protege. No es el plan de Dios el que está en tela de juicio. La que está en tela de juicio es la humanidad.

Un día dos hombres estaban construyendo una casa. A mitad del día comenzó entre ellos una discusión acalorada. Pasó una hora y no podían ponerse de acuerdo. Finalmente, desesperados, llamaron a un hombre que pasaba para que interviniera como árbitro en la disputa.

—Dígame, señor, —le dijo uno de los carpinteros—: cuando usted hace una casa, ¿qué es lo que hace primero, las paredes o el techo?

—Claro que las paredes, por supuesto, —respondió el extraño.

—¿Oyes eso?, —le dijo el carpintero a su ayudante—. ¡Comienza a derribar ese techo!

Ahora bien, aquellos individuos no sólo estaban confundidos con respecto al orden en la construcción de una casa, sino que ni siquiera habían tenido en cuenta lo más importante: los cimientos. Jesús dijo: "Cualquiera, pues, que me oye estas palabras, y las hace, le compararé a un hombre prudente, que edificó su casa sobre la roca. Descendió lluvia, y vinieron ríos, y soplaron vientos, y golpearon contra aquella casa; y no cayó, porque estaba fundada sobre la roca" (Mateo 7:24, 25).

Tal como sucede con la construcción de una casa, ocurre con la edificación de una familia. Una casa bellamente construida atrae la atención. Su estilo y su mobiliario revelan las personalidades del arquitecto y del propietario. Sin embargo, ocultos a la vista del observador casual, se hallan los cimientos de la casa. Están escondidos, invisibles. Sin ellos, la casa en sí no tendría ningún valor, ni podría permanecer en pie durante largo tiempo, porque la lluvia, el frío, el calor y el viento la reducirían a ruinas.

La formación de una familia duradera también requiere un fundamento apropiado. Pablo declara en 1 Corintios 3:11: "Porque nadie puede poner otro fundamento que el que está puesto, el cual es Jesucristo". El plan de Dios consiste en que toda vida y toda familia sean edificadas sobre el cimiento de roca, que es Jesucristo. Tener a Cristo como cimiento no sólo significa creer en El, sino también seguirlo y hacer lo que El dice. Establecer la vida de la familia sobre el fundamento que es Jesucristo, equivale a edificar sobre una roca sólida, estable e inconmovible.

Algunas personas comienzan a formar su familia

sobre el ideal de la relación perfecta con la otra persona. Leen algún libro, o ven alguna película, u oyen algún canto que exalta el gozo de hallar un cónyuge perfecto. Comienzan a creer que el matrimonio y la familia dependen de hallar el cónyuge preciso. Conocí una vez a un hombre que leyó varias novelas relacionadas con el antiguo oeste de los Estados Unidos. En las novelas, el protagonista siempre se las arreglaba para hallar una esposa perfecta. Ella lo amaba, lo estimulaba, le hacía las comidas favoritas, mantenía la casa en perfectas condiciones y siempre le decía alguna palabra amorosa. Esas novelas le proporcionaron a aquel hombre la imagen de la mujer ideal. Cuando se casó, esperaba que su esposa fuera la mujer ideal de la cual había leído en los relatos novelescos. No tardó mucho en descubrir que no lo era. Durante años, vivió con la desilusión y el resentimiento que su propia ignorancia había creado. También su familia tuvo que sufrir por su error.

Otros tratan de formar su familia basados en lo que llamo el enfoque del "último artículo". Consiguen una revista o un periódico, y descubren un nuevo artículo que trata sobre el matrimonio y la familia. Los hallazgos tentativos o conclusiones de algún sicólogo o médico comienzan a formar sus opiniones y convicciones. Pero los artículos de las revistas deben ser ponderados y probados según las normas de Dios. Los sicólogos y los médicos pueden decirnos lo que *es*. La Palabra de Dios nos dice lo que *debe ser*. Nunca debemos cometer el error de permitir que un artículo o una lectura, o declaraciones hechas por amigos y familiares, alteren el verdadero fundamento del matrimonio. Cristo es ese fundamento verdadero. Y Cristo y su Palabra son los que deben examinar y juzgar lo que leemos, oímos y vemos.

Las tres principales razones del fracaso en una familia son las siguientes:

Primera: la formación de la familia sobre una filosofía de la vida que rechaza a Jesucristo y su Palabra. Tal familia se hallará como un barco a la deriva en medio de un mar tormentoso, sin brújula, sin mapas, y sin ancla.

Segunda: el hecho de que la familia mezcle la sabiduría del mundo con la sabiduría de Cristo. Esto da como resultado un fundamento débil que en parte es roca y en parte barro. No puede resistir los embates de una tormenta. Los cimientos débiles producen agrietamientos en la superestructura. Y Jesús dijo: ". . . toda . . . casa dividida contra sí misma, no permanecerá" (Mateo 12:25).

Tercera: el hecho de que la familia trate de asimilar las normas y los principios de Dios, pero lo deje a El fuera. Esto crea una atmósfera legalista, rígida, falta de amor. Las normas no son las que forman una familia. Lo que hace una familia es el amor. Y Dios es amor.

El ingrediente más importante de una familia próspera no es *lo que se introduce* en ella, sino *a quién se introduce* en ella. Su éxito no reposa en el tipo de trabajo que usted tenga, en lo feliz que se sienta en su trabajo, en la cantidad que tenga en su cuenta bancaria, ni en la clase de vecindario donde viva. Hay muchas personas que tienen trabajos remuneradores, magníficos ingresos y viven en elegantes urbanizaciones, y sin embargo, sus familias son un fracaso.

Sólo cuando Jesús es Señor de la vida de la familia, ésta puede tener éxito. Pero El no sólo es el fundamento sobre el cual se levanta la familia, sino también la sangre que le da vida, el latido de su corazón y su pulso. La familia próspera no es sólo aquella que está compuesta por personas que acuden a la iglesia, ni por gente buena o piadosa, sino aquella en cuyos miembros vive Cristo. Porque lo que permite que una familia sea todo lo que Dios quiere que sea, es la sabiduría de Cristo, su amor, su fortaleza, su vida en medio del hogar.

Jesús dijo: ". . . separados de mí nada podéis hacer" (Juan 15:5). Esto se aplica tanto a la vida de familia como a cualquier otro aspecto de la vida del creyente en Cristo. Para tener verdadero éxito, usted como marido o esposa, como padre o madre ante los ojos de Dios, necesita a Jesús. Cuando uno va a establecer una familia sobre el cimiento de Dios, no tiene que comenzar como una persona perfecta que tiene las respuestas para todas las preguntas. Pero es importante apoyarse en la sabiduría de Cristo, confiar en ella. La persona que quiere tener éxito en su vida de familia tiene que tener una disposición abierta, dejarse educar y estar dispuesta a decir: "Sí, Señor", cuando Cristo le muestre su camino o su sabiduría en las situaciones particulares que se presenten.

Sobre todo, es importante recordar que la familia es una creación de Dios. El la estableció. Quiere que sobreviva y funcione para su gloria. Si los padres se comprometen con El y le consagran sus familias, tendrán el regocijo de descubrir que Dios se ha comprometido con ellos. Conjuntamente comenzarán a experimentar el verdadero significado de la vida familiar.

2

A quién acudir en busca de soluciones

"Y conoceréis la verdad, y la verdad os hará libres"
(Juan 8:32).

Si usted descubre en su refrigerador un problema que no sabe arreglar, consulta con el representante de la fábrica o con un mecánico que se dedique a la reparación de refrigeradores, para que se lo arregle. Si la plomería de su casa está mal, busca a un plomero y no a un electricista. Cierta compañía de publicaciones de California tiene una máquina especial para doblar papel que fue fabricada en el Canadá. La máquina está muy bien diseñada y funciona de lo mejor. Cada vez que se le presentan dificultades mecánicas, la compañía de publicaciones no busca a un mecánico local, el cual pudiera saber algo de las máquinas de doblar papel en general. Más bien se pone en contacto directamente con los fabricantes del Canadá. Estos envían a un especialista para que repare la máquina. La compañía sabe que cualquiera que no sepa cómo fue diseñada, no podrá repararla adecuadamente.

Hoy abundan los problemas y las necesidades en las familias de todas partes del mundo. A menudo son problemas complicados. Esposos y esposas que tienen dificultades para aprender a vivir juntos en armonía y amor. Padres frustrados que son incapaces de arre-

glárselas con sus hijos. Incluso algunos les tienen
miedo. Se está realizando una gran investigación para
hallar especialistas que puedan reparar a la familia.
Sin embargo, muchos de los que se llaman "especialistas" en problemas familiares desconocen el original
designio *superior* que tiene Dios para la familia. En
vez de ello, sólo tienen conocimiento de un patrón *inferior*: el que acepta el divorcio, la infidelidad, el
egoísmo y la rebelión como ingredientes normales
para la solución de los problemas maritales y familiares.

Si hay algún problema en la familia, a quien hay
que acudir en busca de ayuda es a Aquel que la diseñó.
La familia es una idea de Dios. El le dio forma. El fue
quien unió al hombre y a la mujer en matrimonio. Les
dijo que tuvieran hijos, que los alimentaran y les pro-
veyeran de lo necesario. Dios les da al hombre y a la
mujer los principios que necesitan para vivir juntos.
Les da a los padres la instrucción que necesitan para
criar hijos felices y obedientes. Su propósito es que el
hogar sea un lugar de gozo y bendición; un sitio que El
pueda llenar con su presencia y su gozo. Está escrito
en 1 Crónicas 16:43: ". . . y David se volvió para bendecir su casa". La atmósfera familiar correcta se crea
cuando la intención de cada miembro es la de bendecir a los demás. Uno de los principales propósitos del
pacto que Dios hizo con Abraham fue el de bendecir a
su pueblo y hacer de ese pueblo una bendición para los
demás. El cristiano tiene parte en ese pacto especial
de Dios con Abraham por medio de la fe. Y cuando el
cristiano conoce la bendición de Dios, El lo guía en los
pasos prácticos que ha de dar para extender esa bendición suya a la familia y al mundo.

Para convertirse en una bendición de Dios en la familia, el hombre tiene que ser la clase de marido y
padre que Dios quiere que sea. Para que la mujer sea

una bendición tiene que ser la esposa y madre que Dios quiere. Para que los hijos sean una bendición de Dios, tienen que ser los hermanos y hermanas que Dios quiere. Ser como Dios nos quiere, no es nada difícil, antinatural ni sobrehumano. Las exigencias de Dios no requieren una personalidad especial, ni una alta capacidad mental o intelectual. El plan de Dios, en efecto, permite que cada persona de la familia alcance y comprenda todo el potencial que hay en su personalidad única. Para ser la clase de hombre, o mujer, o hijo que Dios quiere que seamos, sólo se requiere un corazón responsable y obediente a El. Eso significa que cada persona ha de ocupar el lugar que Dios le dio. Cada uno puede considerar que esa posición es privilegiada, y que desde ella puede servir a Dios y a los demás miembros de la familia. El factor decisivo está en rendirse a Dios. En términos prácticos, significa que las selecciones y las decisiones no se hacen a través de deliberaciones egocéntricas, sino a través de un interés por los demás. El reino de Dios es un reino de amor. Cuando las personas permiten que El gobierne en el hogar, el amor será su ingrediente principal.

El reino de Dios tiene un orden especial. En la Trinidad vemos una relación de armonía que procede de la igualdad y el sometimiento. Dentro de la Deidad hay unidad y diversidad. Hay un Dios en tres personas. El Padre es Dios, el Hijo es Dios y el Espíritu Santo es Dios. No son dioses separados, sino un Dios en tres Personas. De este misterio aprendemos la clave de todas las relaciones prósperas. En la Deidad hay absoluta autoridad en el Padre. El Hijo, aunque es igual al Padre en su deidad, está sujeto a El. El Espíritu Santo, aunque es igual al Padre y al Hijo en su deidad, está en sujeción. Cuando el Hijo abandonó el cielo y se hizo hombre para morir en una cruz como expiación por el pecado, lo hizo en obediencia total al Padre. Fue motivo de gozo para El hacer lo que el Padre quería que hiciera. Después de que Jesucristo resucitó de entre los muertos y ascendió al Padre, éste le dio el don del Espíritu Santo para ministrar a aquellos que lo habrían de seguir. El Espíritu Santo se deleita hoy en cumplir su ministerio especial que consiste en exaltar al Hijo.

Esta autoridad y esta sumisión se extienden también a la familia. Por medio del Espíritu Santo, el hombre de la casa debe estar sujeto a Cristo. La esposa, a través del Espíritu Santo, debe estar sujeta a su marido. Y los hijos deben estar sujetos a sus padres.

Cada una de estas personas es igual en importancia delante de Dios y con respecto al lugar que Dios tiene para cada una dentro de la familia. Su intención no es que alguno sea considerado inferior o superior, sino que todos formen un conjunto de armonía y amor.

El orden de una familia sometida al orden de Dios es algo así como el cuadro que sigue:

Dios Padre

↑

Dios Hijo

↑

Dios Espíritu Santo

↑

Esposo/Padre

↑

Esposa/Madre

↑

Hijos

A simple vista el hijo pudiera pensar que está en el fondo de la escala, y que le toca la peor parte, pues tiene encima a todos los demás. La esposa pudiera tener también el mismo sentimiento, por el hecho de que en la escala aparece más abajo que el marido. Sin embargo, tales sentimientos proceden de una mala comprensión del orden divino. En realidad, cuanto más abajo se halle usted en este orden, tanto mayor será la bendición que recibirá, pues ha de recordar que el reino de Dios no es reino de tiranía, sino de amor. El que tiene la autoridad, en realidad sirve a los demás. Cuando una persona se somete a la autoridad que Dios le impone, sucede lo siguiente:

Dios Padre
↓
Dios Hijo
↓
Dios Espíritu Santo
↓
Esposo/padre
↓
Esposa/madre
↓
Hijos

En el reino de Dios, la sumisión no coloca a nadie en posición de ser pisoteado por los demás. Más bien, lo que recibe es servicio. Los hijos están en el sitio más bendecido de todos. Los esfuerzos y la atención de los que están por encima de ellos se dedican a la seguridad, el cuidado y la provisión de los que están más abajo. ¡Qué gloriosa posición para un hijo, la de estar sometido a aquellos cuyo amor y entrega están dedicados a su bienestar y a sus mejores intereses!

Dios estableció la familia durante la creación. Tanto la satisfacción del individuo como el bienestar de la familia, son parte del propósito eterno de Dios al crear el mundo. La creación de Dios no fue hecha al azar, ni accidentalmente o en forma impensada. No hemos sido colocados aquí para vagar sin rumbo por la vida, carentes de dirección o de propósito. Dios tiene un propósito para el individuo y para la familia. Como parte de ese propósito y del designio de Dios, el hogar y la familia deben ser un lugar de unidad y diversidad, como lo es el reino de Dios. Sin embargo, esto depende de que cada persona se halle en su lugar, y someta su vida a la autoridad de Dios.

Un pastor que aconsejaba a unos esposos, los oyó confesar que su hogar estaba en una situación terrible. La esposa decía: "Si mi esposo me amara como debe, nuestro hogar estaría en orden".

El marido decía a su vez: "Si mi esposa se sometiera a mi autoridad como debe, nuestro hogar estaría en orden".

¿Qué es lo que pasa en este caso? El problema está en que el hombre piensa que Dios le está hablando en cuanto a la sujeción que le debe su esposa. La mujer piensa que Dios le está hablando en cuanto al amor que le debe su marido. Pero cuando Dios dice: "Las casadas estén sujetas", les está hablando directamente a las esposas. Cuando dice: "Maridos, amad a vuestras mujeres", les está hablando directamente a los maridos. El orden de Dios exije que cada cual cumpla con sus responsabilidades. Si la responsabilidad de cierta posición en particular es amar, eso es lo que se debe hacer, sin preocuparse por la responsabilidad de las demás personas. Si es la de someterse, eso es lo que debe hacerse, sin preocuparse por las responsabilidades de los demás. La persona halla un nuevo descanso, seguridad y satisfacción, cuando hace lo que Dios ordena en cuanto a las relaciones familiares. Cuando cada miembro de la familia le pregunte al Señor: "Dios mío, ¿qué quieres que haga?", descubrirá que Dios lo estaba esperando y dispuesto a contestarle.

3

Cómo cumplir con la responsabilidad de esposa y madre impuesta por Dios

"Las casadas estén sujetas a sus propios maridos, como al Señor" (Efesios 5:22).

Para criar hijos felices y obedientes, cada uno de los padres tiene que entender el lugar que le corresponde y el papel que Dios le asigna. A continuación se ofrecen varios principios fundamentales relacionados con el papel de sujeción que le corresponde a la esposa.

La sumisión es un privilegio

La mujer, como esposa y madre, tiene una vocación alta y privilegiada. No hay nada negativo ni de segunda clase en dicha vocación. Dios hizo a la mujer diferente del hombre. No la hizo inferior, sino simplemente distinta. Y cuando Dios une al hombre y a la mujer en matrimonio, crea una relación de unidad y de identificación total. No los divide para hacer un arreglo de mitad y mitad; es decir, no le quita la mitad al hombre y la mitad a la mujer para hacer una unidad nueva y extraña. En el plan de Dios, el hombre es ciento por ciento hombre, y la mujer ciento por ciento mujer. Cada uno debe ocupar su lugar en la familia. Cada uno necesita del otro. Los dos juntos son uno solo. Pablo le dice a Tito que aconseje a las mujeres "a amar a sus maridos y a sus hijos, a ser prudentes, castas, cuidadosas de su casa, buenas, sujetas a sus maridos, para que la palabra de Dios no sea blasfemada" (Tito 2:4, 5).

La mujer es la que le da al hogar su personalidad, crea su atmósfera y establece su tono.

La sumisión significa confianza

Por el hecho de que la mujer tiene una posición sumamente estratégica en la familia, Dios quitó de sobre ella ciertas responsabilidades, a fin de que quedara en libertad para satisfacer las necesidades y demandas de esa posición. Una de las maneras que Dios utiliza para liberar a la esposa consiste en colocarla en una posición de sumisión a su marido. Así quita de sus hombros la carga de hacer las decisiones finales que determinan la dirección que ha de tomar la familia. El hecho de colocar a la esposa en una posición de sumisión significa colocarla en una posición de confianza, no de esclavitud. Dios coloca el peso del liderato sobre los hombros del marido y lo hace responsable de acudir a El en busca de las decisiones e instrucciones necesarias. Dios quiere que la esposa confíe en El *a través* de su marido. Por medio de este principio, Dios coloca a la esposa bajo su cuidado protector, y la libera de las cargas de la lucha interior, la preocupación y la ansiedad. A menudo, cuando la esposa está llena de preocupaciones, se debe a que no ha entrado a ocupar la posición de confianza y sujeción que Dios quiere que ocupe.

En 1 Pedro 3, se anima a las esposas a convertirse en hijas de Sara. Dice el apóstol que la clave para hacer esto consiste en reconocer la posición que Sara le concedía a Abraham en la familia. El texto dice:

"Asimismo vosotras, mujeres, estad sujetas a vuestros maridos; para que también los que no creen a la palabra, sean ganados sin palabra por la conducta de sus esposas, considerando vuestra conducta casta y respetuosa. Vuestro atavío no sea el externo de peinados ostentosos, de adornos de oro o de vestidos lujosos, sino el interno, el del corazón, en el incorruptible ornato de un espíritu afable y apacible, que es de grande estima delante de Dios. Porque así también se ataviaban en otro tiempo aquellas santas mujeres que esperaban en Dios, estando sujetas a sus maridos; como Sara obedecía a Abraham, llamándole señor; de la cual vosotras habéis venido a ser hijas, si hacéis el bien, sin temer ninguna amenaza" (1 Pedro 3:1-6).

Cuando Sara consideraba a su marido como señor, lo hacía debido al lugar en que veía que Dios lo había colocado en la familia. Ella sabía que él no era "Señor", en el sentido de ser divino. Sara conocía las debilidades y las fallas de Abraham. No era ciega para no ver sus faltas y necesidades. No lo consideró como señor porque pensaba que tenía atributos divinos. Lo consideró como señor, por la posición que Dios le había dado. Dios quería que ella confiara en El por medio de Abraham. Las decisiones que Abraham hiciera para la familia, sería decisiones de Dios. Si ella luchaba y se rebelaba contra Abraham, Dios quería que comprendiera que en realidad estaba peleando y rebelándose contra el mismo Dios.

Este principio está ilustrado en el relato sobre la orden que Dios les dio a Moisés y a Aarón para que fueran a librar a Israel de la opresión de Egipto. Antes de que fueran a hablar con Faraón y con los dirigentes de Israel, Dios le dio a Moisés la siguiente instrucción: "Y él [Aarón] hablará por ti al pueblo; él [Aarón] te será a ti en lugar de boca, y tú serás para él [para Aarón] en lugar de Dios" (Exodo 4:16). Dios estaba indicando la alta investidura de autoridad que coloca sobre la persona que lo representa. En lo que se refería a Aarón, Moisés debía serle como Dios. Aarón comprendía que su hermano no era Dios. Conocía los temores y los fallos de Moisés. Sin embargo, a causa de la posición en que Dios lo había colocado, Aarón debía recibir las palabras de Moisés con respecto a Israel, como las mismas palabras de Dios.

Cuando detrás de la sumisión hay una actitud de confianza, el espíritu y la disposición de la esposa serán de amor y confianza. No andará con un espíritu de pesadumbre y desasosiego, ni de resentimiento. El gozo le vendrá de la paz interna que sentirá al saber que Dios está controlando su vida y la de su familia. Se sentirá fortalecida con el gozo constante de saber que está agradando a Uno que la llamó a ser esposa y madre.

La sumisión establece la autoridad

Cuando una mujer actúa desde su lugar de sumisión, se coloca en un lugar de inmensa fortaleza. El hecho de que confíe en Dios a través de su marido, libera el poder de Dios a favor de ella. En vez de discutir con su marido, o de sermonearlo para que sea algo o haga algo, puede confiar tranquilamente en que Dios sea el que haga que su marido comprenda las necesidades. Pronto se dará cuenta de que la manera en que Dios le llamará la atención a su marido, es mucho más eficaz que la de ella.

Cuando una mujer ocupa una posición de adecuada sujeción a su marido, afirma su posición de autoridad en relación con los hijos. La autoridad se establece cuando se tiene a otra persona que la respalde. El vigilante de tránsito que está en la esquina no tiene la fuerza física necesaria para detener a un auto en movimiento, pero sí tiene la autoridad para detenerlo. Esa autoridad le viene del hecho de que tiene un respaldo. Detrás de ese brazo que se extiende están el gobierno local, el estatal y el nacional. Aquí está de nuevo el sistema de respaldo con que cuenta la esposa:

Dios Padre

↓

Dios Hijo

↓

Dios Espíritu Santo

↓

Esposo/padre

↓

Esposa/madre

↓

Hijos

Cuando la esposa se sujeta a su marido como al Señor, no está destruyendo ni trastornando su propia autoridad en el hogar, sino solidificándola. Cuando la mujer trata de socavar la posición de su marido para convertirse en jefe de la familia, se está privando de su propia fortaleza y debilitando su posición en el hogar. Los niños que saben que su madre está respaldada por su padre, responden rápidamente cuando se les llama al orden, y en sus propias vidas comienzan a desarrollarse la fortaleza, la estabilidad y la confianza.

La sumisión no es silencio

Cuando la mujer ocupa su posición de sumisión, eso no significa que guarda silencio y sólo espera a que su marido le dé una nueva orden. Dios ha hecho que el marido dependa de su esposa; ella es su ayuda idónea. Dios le dio un discernimiento especial de las cosas, cierta intuición y una capacidad especial para ver los asuntos desde un punto de vista protector. Delante de Dios, la esposa tiene la responsabilidad de compartir con su marido, de forma amorosa, lo que siente y piensa. El hombre necesita el punto de vista de ella, su consejo y su inspiración.

Los hombres simplemente carecen de capacidad para hacerlo todo en la familia. La esposa que no comparte su discernimiento con su marido le hace un mal servicio a la familia. Pero cuando la mujer comparte francamente lo que hay en su corazón y en su mente con su marido, tiene que entregarle la carga de la decisión final a él.

He descubierto que este mismo principio es cierto tanto en la iglesia como en los negocios. Durante años, yo sabía que Jesús era mi Señor, pero no le permitía que me dirigiera a través de otros miembros del cuerpo de Cristo. Mi reacción durante años era la siguiente: "Jesús es mi Señor, así que no me digas qué es lo que debo hacer. Recibo mis órdenes directamente de Él". Un día, Dios me colocó en una relación de negocios con otros hombres cristianos, y utilizó este tiempo para enseñarme una lección muy valiosa. Me mostró que los principios de sumisión que se aplican a la esposa en relación con su marido, son los mismos que se aplican en una relación de trabajo. Comprendí que en el trabajo, tenía que confiar en Dios por medio del líder que Él había colocado por encima de mí. También comprendí que los demás me necesitaban tanto por mis capacidades como por mis ideas.

Antes de aprender este principio, solía acudir a nuestras reuniones del personal con muchas ideas sobre lo que la empresa debía hacer. Incluso a veces anteponía a mis sugerencias la siguiente declaración: "Dios me dio esta idea". Pero en vez de obtener una respuesta entusiasta, la gente se me quedaba mirando en silencio. Me sentía herido, y comenzaba a empujar mis ideas y a tratar de conseguir que mis asociados las aceptaran. Y cuando aún así rechazaban lo que les decía, los abandonaba resentido y desilusionado. No podía comprender por qué eran incapaces de aceptar las ideas que yo pensaba que Dios me había inspirado.

Ahora, en nuestras reuniones de negocios, cuando tengo alguna idea, aún la comparto, incluso con entusiasmo. Pero luego de compartirla, la dejo con la confianza de que, si es lo mejor para la compañía, Dios lo demostrará, haciendo que todos los que están interesados en el asunto vean claramente su aprobación.

Si la esposa piensa que su marido está a punto de tomar una decisión que no es sabia, debe manifestarle su opinión en forma cariñosa, no de una manera crítica, puesto que es su ayuda idónea. Si él decide continuar de todos modos, no debe desafiarlo; debe dejar el asunto en paz. Y si la decisión del marido produce un fracaso de alguna clase, debe abstenerse de tomar represalias con la consabida declaración: "Te lo advertí". En vez de ello, debe confiar en que Dios utilizará el fracaso para enseñarles a su marido y a ella misma alguna lección valiosa. Esta actitud de confianza es la que Pedro llama "el incorruptible ornato de un espíritu afable y apacible, que es de grande estima delante de Dios".

La sumisión es alabanza

La Biblia declara (según la Versión Amplificada en inglés en 1 Pedro 3:2), que la mujer debe honrar y alabar a su marido. La actitud que ella tenga hacia su marido, afecta grandemente el éxito o el fracaso de su sujeción de ella y del ministerio de él. La verdadera victoria en la sumisión está en que su corazón se *deleite*, y no se contente con una simple conformidad externa. "El hacer tu voluntad, Dios mío, me ha agradado. . . " (Salmo 40:8).

Algunas mujeres parecen haberse arrogado la responsabilidad de hacer cuanto les sea posible por rebajar a sus maridos. Aprovechan todas las oportunidades para decirles a los demás algo relacionado con los fracasos y las faltas de sus maridos. La mayoría se sorprenderían si se dieran cuenta de que realmente son muy pocas las personas a las cuales les agrada oir todos los detalles negativos relacionados con el cónyuge de otra persona. En efecto, si un comentario tan negativo sirve para algo, es para dejar mal plantada a la mujer que lo hace. Al fin y al cabo, ¿quién fue la que se casó con este hombre a quien ridiculiza?

Por otra parte, si la mujer cree que su marido es el cónyuge que Dios escogió para ella, entonces le será fácil honrarlo, alabarlo y darle ánimos. Debe creer que Dios sabía exactamente lo que ella necesitaba cuando le dio ese esposo. Este pudiera ser el caso, aunque cuando el esposo no fuera cristiano. Dios utiliza a los maridos no cristianos en forma maravillosa para ayudar a las mujeres a fin de que se desarrollen como cristianas.

La sumisión es contentamiento

"Pero gran ganancia es la piedad acompañada de contentamiento; porque nada hemos traído a este mundo, y sin duda nada podremos sacar. Así que, teniendo sustento y abrigo, estemos contentos con esto. Porque los que quieren enriquecerse caen en tentación y lazo, y en muchas codicias necias y dañosas, que hunden a los hombres en destrucción y perdición; porque raíz de todos los males es el amor al dinero, el cual codiciando algunos, se extraviaron de la fe, y fueron traspasados de muchos dolores. Mas tú, oh hombre de Dios, huye de estas cosas, y sigue la justicia, la piedad, la fe, el amor, la paciencia, la mansedumbre" (1 Timoteo 6:6-11).

"Alborota su casa el codicioso; mas el que aborrece el soborno vivirá" (Proverbios 15:27).

La sumisión al modelo de Dios para la familia también significa que la esposa se someterá a la estructura económica ideada por Dios para ella. Una de las principales causas de las separaciones conyugales es el desacuerdo entre los esposos en el aspecto económico. Si la esposa no está satisfecha con los asuntos económicos, y si quiere tener cada vez más posesiones materiales, el hogar no puede ser feliz. Los libros, las revistas, las películas, la televisión, la radio y los catálogos le están diciendo constantemente a la gente que necesita más cosas para vivir feliz. Las mujeres son blanco especial de la propaganda; y a menudo se hace un llamamiento a su orgullo, vanidad o avaricia. Una mujer insatisfecha puede poner tremendas presiones sobre su marido para que trabaje más a fin de ganar más dinero y conseguir las cosas que ella desea. Pero la que esté satisfecha con la estructura económica que Dios le dio a su familia, podrá disfrutar de nueva libertad y de descanso en su vida. El hecho de seguir el orden de Dios también le ofrecerá la seguridad de que El quiere bendecir su hogar y proveer lo necesario para su familia. También podrá experimentar la emoción que se siente cuando se espera ver la forma en que Dios proveerá lo necesario para su familia.

En un aniversario de bodas, mi esposa quería comprarme un regalo que fuera una sorpresa para mí. En esa época ella no tenía dinero alguno que pudiera considerar suyo. Oró pidiéndole a Dios que le enviara directamente algo de dinero sin que yo lo supiera. Poco después fuimos a visitar la iglesia de un amigo y, después de la reunión, un señor se le presentó personalmente a mi esposa. ¡Al estrecharle la mano le colcó algo de dinero en ella! Esa circunstancia constituyó para ella un nuevo ejemplo de que el Señor conoce cada una de sus necesidades y se preocupa por todos los detalles de su vida. "Deléitate asimismo en Jehová, y él te concederá las peticiones de tu corazón" (Salmo 37:4).

La sumisión es servicio

La principal motivación de cada miembro de la familia debe ser servir a los demás con amor. Jesús enseñó: "El que es el mayor de vosotros, sea vuestro siervo" (Mateo 23:11). La esposa sirve a su familia al sujetarse a su marido. La sumisión es un servicio espiritual. Es una fuerza activa. Se expresa de tal modo que resulta para el mayor bien de los que reciben el servicio. El servicio de la mujer a su marido y a su familia se ha de expresar especialmente mediante el simple estímulo. El estímulo de la esposa inspira a su marido y a sus hijos y los motiva a esforzarse para hacer lo mejor que puedan en aquello que Dios los ha llamado a hacer.

Una manera importante en que la esposa sirve a su familia, es a través de la oración. Por medio de la oración—el trabajo más silencioso y menos notable que una esposa puede hacer—, la esposa levanta y fortalece a aquellos a quienes sirve.

Por supuesto, la esposa también sirve a los demás de una manera práctica. Es posible que tenga que estar sola en la casa la mayor parte del día, pero el tiempo que pasa a solas no tiene por qué ser aburrido. La preparación para cuando regresen los hijos de la escuela y el marido del trabajo puede tomar muchas formas. Aun el olor de las galletas recién horneadas o del pan fresco hecho por ella, les dice a los hijos que la madre está utilizando un modo especial de manifestarles su amor. Las habitaciones limpias y arregladas les da a los niños y al marido una sensación de orden y de calma, después de un día ocupado y agotador. El tono de voz de la esposa puede elevar el espíritu de alguien que esté afligido por el trabajo o por el estudio. Gracias a un hogar atractivo y ordenado, se establece una atmósfera que puede ayudar a vencer el abatimiento y el desconcierto que hay en el mundo.

4

Cómo cumplir con la responsabilidad de esposo y padre impuesta por Dios

"Maridos, amad a vuestras mujeres, y no seáis ásperos con ellas" (Colosenses 3:19).

"Vosotros, maridos, igualmente, vivid con ellas sabiamente, dando honor a la mujer como a vaso más frágil, y como a coherederas de la gracia de la vida, para que vuestras oraciones no tengan estorbo" (1 Pedro 3:7).

El liderato significa sumisión

Según el orden de Dios, el hombre está en la posición de líder de la familia. Puede suceder a menudo que el hombre entienda mal este papel. Pudiera pensar que Dios lo ha designado a él como el "gran cacique", y que su esposa tiene que estar sujeta a él bajo el orden divino, cada vez que le dé una orden. Esta actitud irá acompañada frecuentemente por la frustración y el resentimiento. Necesitamos referirnos una vez más a nuestro diagrama que representa el orden divino en la familia (vea la página siguiente), a fin de comprender el cuadro completo de las relaciones dentro de la misma.

Es cierto que Dios colocó al hombre en la posición de líder de su familia. La esposa ha de estar en sujeción a su marido. Pero lo que el hombre tiene que comprender es que la esposa no es la única llamada a una

Dios Padre

↑

Dios Hijo

↑

Dios Espíritu Santo

↑

Esposo/padre

↑

Esposa/madre

↑

Hijos

posición de sumisión. Así como la esposa está bajo la dirección de su marido y en sujeción a él, así el marido está bajo la dirección de Cristo y sujeto a El. El hombre no escapa a los principios y las responsabilidades de la sumisión por el hecho de ser el líder de la familia. Tiene que someterse a Cristo en la misma forma en que espera que su esposa se someta a él.

Hay muchos hogares que se tambalean en la confusión y el desorden simplemente porque el marido exige sujeción por parte de su esposa, pero él no se somete completamente a su Cabeza, que es Cristo. Ese fallo puede hacer que sea difícil para la esposa someterse adecuadamente a su marido, por el hecho de que no está recibiendo un ejemplo claro de sujeción por parte de él. Como líder, el marido tiene la responsabilidad de dirigir bondadosamente y enseñar el sendero de la sumisión a través de su propio ejemplo. Si el marido está fuera de orden en su relación con Cristo, se debe entender que la esposa no tiene un ejemplo claro que imitar.

Lo que el marido hace de ordinario, cuando no asume su posición adecuada de líder en el hogar, es echar sobre la esposa la responsabilidad del liderato que le corresponde a él. Debido a que frustra el orden de Dios en su propia vida, pronto se siente incapaz para dirigir el hogar. Sin embargo, en vez de entregar su fracaso a Cristo para que lo ayude, se aparta de El y le entrega a su mujer la posición que le corresponde a él. Coloca sobre ella una carga que Dios nunca quiso que llevara. Para complicar las cosas, muchas mujeres aceptan ese papel de líderes, en vez de abstenerse de hacerlo y permitir que Dios continúe tratando con sus maridos sobre este particular. Asume el gobierno por temor a que la familia no se mantenga unida. Cuando esto ocurre, muchos maridos se repliegan completamente, pensando que, puesto que sus esposas asumieron esa responsabilidad, eso tiene que estar correcto. Pero si el marido sigue el liderato de Cristo, se hallará libre de las preocupaciones que podrían acompañarlo.

Si el marido halla su lugar bajo la dirección de Cristo, experimentará la paz, la confianza y el ánimo necesarios para dirigir a la familia aun en tiempos difíciles. Al someterse a Cristo, descubrirá que con El le es suficiente para llevar adelante su responsabilidad. Cuando la familia tenga necesidades, verá en Cristo su Proveedor. Cuando tenga problemas, sabrá que Cristo es el que lleva sus cargas. Cuando su familia necesite dirección, sabrá que Cristo es su Pastor.

El liderato es servicio

"Maridos, amad a vuestras mujeres, así como Cristo amó a la iglesia, y se entregó a sí mismo por ella" (Efesios 5:25).

"Porque el marido es cabeza de la mujer, así como Cristo es cabeza de la iglesia, la cual es su cuerpo, y él es su Salvador" (Efesios 5:23).

Alguien dijo una vez: "Lo más grande que un padre puede hacer por sus hijos es amar a la madre de ellos". Dios le manda al marido no sólo que ame a su mujer, sino también que la ame como Cristo amó a la Iglesia. Este es el más alto ejemplo de amor que pueda ser imitado. Cristo expresó su amor hacia la Iglesia al entregarse por ella. El marido que ama a su mujer de esta manera, se entrega a sí mismo. No hay nada que retenga para sí; nada que se reserve. Su principal preocupación es lograr el mayor bien para su esposa y su familia.

Cuando el hombre se coloca bajo la autoridad de Cristo en su familia, comienza a manifestarle la mente y la naturaleza de Cristo a cada miembro de la familia. Se encontrará entonces en posición de siervo ante su familia. Cristo, la Cabeza de la Iglesia, no la dirige como tirano; la cuida tiernamente. De igual manera, el hombre que Dios coloca como líder de la familia, se dedica a servirla.

Un hombre puede servir a su familia de dos formas importantes. La sirve ofreciéndole el gobierno que necesita. El capitán de un barco no les entrega el timón a los pasajeros. Está consciente de que el viaje es largo y de que el buque pudiera encontrar tormentas. Como es su deber lograr que tanto el barco como los pasajeros lleguen con seguridad al destino deseado, no abandona el gobierno del barco. Ni por un momento piensa que los pasajeros puedan seguir el viaje sin él. Del mismo modo, para que cada miembro de la familia llegue al destino que Dios le ha preparado, necesita que haya un líder en ella. Cuando el hombre sirve amorosamente a su familia a través de su liderato, sus miembros sabrán que las decisiones que él tome y las directrices que dé, no tienen el objeto de satisfacer sus intereses personales, sino el de buscar lo bueno y lo mejor para todos.

Otra manera de servir a la familia consiste en proveerla de lo que necesita. Muchos hombres limitan este concepto de tal modo, que sólo se refiere para ellos a la provisión de bienes materiales para su familia. Piensan que si trabajan sus cuarenta horas semanales, pagan las cuentas, les dan comida y ropa a todos, y de vez en cuando sacan a toda la familia para hacer algo especial, o para comer, ya han cumplido con su obligación. Por supuesto, satisfacer las necesidades materiales de la familia es un servicio importante. Pero éstas no son sus únicas necesidades.

A un grupo de mujeres se le preguntó una vez cuál pensaban ellas que era la necesidad personal que debía ser mejor satisfecha por sus esposos. Estas mujeres confesaron que las necesidades espirituales eran las más importantes. Los maridos tienen la responsabilidad especial de satisfacer necesidades tales como el consejo espiritual, la orientación, la oración, el estímulo y la instrucción. Según el orden establecido por Dios, el marido no sólo tiene la posición, sino también la capacidad espiritual, por medio de Cristo, para satisfacer estas necesidades. Esto es parte de su ministerio sacerdotal: él está delante de Dios, la fuente de todo amor y cuidado, y sirve de intermediario, llevando ese amor a través de sí mismo a su esposa y a sus hijos.

La familia de un hombre es la responsabilidad más importante de su ministerio espiritual. Nunca debe considerarse como secundaria en relación con algún trabajo o algún interés ajeno a ella. En 1 Timoteo 3:5 y en Tito 1:5, 6 se nos dice que para poder tener en cuenta a un hombre para el ministerio en la iglesia, primero tiene que ser un fiel ministro en su hogar.

Hay una relación estrecha entre la vida del hogar y el llamamiento espiritual. Además, nuestras sensibilidades y nuestras responsabilidades pueden entrecruzarse de manera sorprendente. Una vez estaba yo llevando a un misionero al aeropuerto, donde tomaría el avión que lo conduciría a Europa. En el camino, Dios me instó a que le diera el billete de diez dólares que tenía en mi cartera. Puesto que era el único dinero que tenía en ese momento, me resistí al impulso de Dios, razonando que mi necesidad era tan grande que no podía despojarme de él. El misionero se fue, y yo regresé a casa con los diez dólares en mi cartera. Al llegar, descubrí que mi hijo había enfermado de repente mientras yo estaba fuera de casa. Lo llevé apresuradamente a la consulta médica, recibió tratamiento y se mejoró. El tratamiento médico de emergencia costó precisamente diez dólares.

Aprendí una valiosa lección sobre la obediencia a las insinuaciones de Dios en cuanto al servicio práctico. Pero también llegué a comprender que mi papel de padre y proveedor tiene una relación de interdependencia con mi ministerio espiritual. Actuar con desobediencia en una de estas dos cosas, le acarrea debilidad y vulnerabilidad a la otra. Mi desobediencia en el ministerio expuso mi familia a un ataque inesperado.

Dios le ha dado al marido la gracia especial de servir de amortiguador espiritual para su familia. El amortiguador de un carro está diseñado para suavizar el impacto de los golpes y de los lugares escabrosos por los cuales pasa el vehículo cuando va por la carretera. Si cumple su función, les hace más suave el viaje a los pasajeros. De manera similar, cuando el hombre ocupa su lugar como líder de la familia, va adelante, suavizando los lugares escabrosos de su viaje. Así le proporciona una fuerte línea de defensa contra los enemigos que traten de destruir la armonía de la vida familiar.

Cada vez que el marido falle en su función de líder, es importante que todos los miembros de la familia lo sostenga en oración. Una vez, cuando Israel libraba una gran batalla, el pueblo dependía de que los brazos de Moisés se mantuvieran levantados para obtener la victoria necesaria. Cuando Moisés se cansaba, los que estaban cerca de él se tenían que colocar debajo de sus brazos y levantárselos. Lo mismo ocurre en cualquier familia. No se espera que ninguno de sus miembros luche solo, sino que haya una interdependencia entre los miembros de la familia.

5

El servicio conjunto de los esposos

*"¿Andarán dos juntos, si no estuvieren de acuerdo?"
(Amós 3:3).*

En la Biblia, Dios habla muchas veces acerca de su papel como Padre de su pueblo. La relación que El mantiene con los padres es también una relación de padre a hijos. Mediante esta relación, Dios les enseña a ambos esposos lo que significa la paternidad. Los padres pueden aprender cómo han de criar a sus hijos, al observar de cerca su propia relación con Dios. Sin embargo, si la relación de un marido o de una esposa con Dios no es lo que debiera ser, entonces pueden esperar fallos en la familia. Como ese padre o esa madre no ha aprendido a ser un buen hijo de Dios, carece de la sabiduría necesaria para criar a sus propios hijos e hijas en felicidad y obediencia.

Los padres que no obedecen a Dios como debieran, buscan otras maneras de criar a sus hijos con eficacia. Algunos acuden a diversos métodos que son contrarios a los principios de paternidad establecidos por Dios en su Palabra. "Mirad que nadie os engañe por medio de filosofías y huecas sutilezas, según las tradiciones de los hombres, conforme a los rudimentos del mundo, y no según Cristo. Porque en él habita corporalmente toda la plenitud de la Deidad" (Colosenses 2:8, 9).

Otros hacen esfuerzos para llegar a ser compañeros de sus hijos, hasta el punto de llegar a vestirse como ellos y actuar como ellos. Aunque la amistad con los hijos ciertamente es parte de la paternidad, ser solamente su "gran amigo" es algo muy deficiente en relación con lo que se necesita en la relación padre-hijo. Los niños necesitan padres que actúen con ellos con el mismo liderato y el mismo cuidado amoroso que Dios les manifiesta a sus hijos. Por medio del ejemplo de los padres, los niños aprenden desde pequeños a honrar a Dios y confiar en El.

Los padres como una unidad

Una vez vi una caricatura en la cual dos burros atados a los extremos opuestos de una cuerda larga, halaban y se arrastraban uno a otro, ya que cada cual trataba de alcanzar una pila de pasto. Había una pila en cada lado del campo. Cada uno de los animales luchaba tercamente halando hacia su propio lado, pensando sólo en la buena comida que tenía a la vista. Pero la cuerda no era lo suficientemente larga para que cada uno alcanzara su propia pila; así que ninguno de los dos podía comer. Finalmente, los burros descubrieron que si los dos iban *juntos* hacia una pila de pasto, cada uno podía satisfacer su propio objetivo y comer todo el pasto que quisiera.

Demasiados hogares están destrozados por la misma clase de desunión que tenían los burros al principio. Atados por el vínculo matrimonial, el esposo y la esposa tratan de ir cada uno por su propio camino en busca de satisfacción. Pero para hallar verdadera satisfacción, ambos se necesitan mutuamente. Dios dejó establecido que debían ser una unidad. Cuando se pongan de acuerdo, y adopten las mismas ideas y el mismo propósito, podrán lograr sus metas como unidad familiar.

La experiencia de una unidad fundamental de propósito en la crianza de una familia es más importante que cualquier técnica o fórmula para mantenerla feliz. La felicidad y la obediencia de los hijos no son el resultado de que los padres hayan aplicado alguna técnica especial, sino de que hayan establecido una relación correcta con Dios y entre sí, y de que los dos conjuntamente, a partir de esa relación, respondan obedientemente a las orientaciones que Dios les ofrece. Los padres tienen que cuidarse de la tentación de actuar independientemente. Las acciones o las decisiones independientes amenazan la unidad del hogar. Sin esta unidad existe la misma confusión y la misma competencia que hay cuando dos artistas tratan de pintar cuadros diferentes sobre el mismo lienzo.

Es deplorable que muchísimas familias piensen que la única manera de aliviar las tensiones en el hogar consiste en dejar que cada cual ande suelto y vague independientemente en busca de sus propias metas. Tal desarrollo en una familia no es una señal de madurez, sino de deterioro de la vida familiar. Significa que se han abandonado las normas de Dios, y cada miembro ha quedado a la deriva para hacer lo que bien le parezca.

El resultado inmediato de que los padres anden a la deriva cada cual por su propio camino es que los hijos queden sin sentido de orientación ni de autoridad. Al fin y al cabo, Dios les ordena a los hijos que obedezcan a sus padres en todo. "Hijos, obedeced a vuestros padres en todo, porque esto agrada al Señor" (Colosenses 3:20). No les dice que obedezcan a uno de los padres. Deben obedecer a los dos. Los niños tienen el derecho de saber qué es lo que han de obedecer y qué es lo que se espera de ellos. Esto es imposible si no hay unidad entre los padres. Y para lograr la unidad, los padres tienen que pasar suficiente tiempo discutiendo cuál conducta es aceptable para sus hijos y cuál no lo es. Necesitan ponerse de acuerdo sobre lo que significa específicamente decir "sí" o "no" en el contexto del hogar; y no pueden permitir que sus hijos los dividan con respecto a cualquier asunto.

Si no hay unidad dentro del hogar, los niños descubren rápidamente la manera de hacer que sus padres se enfrenten uno a otro. Si uno de los dos padres no está seguro de lo que diría o haría el otro con respecto a algo importante en el hogar, tiene que evitar decirles a los hijos cualquier palabra definitiva hasta que tenga la oportunidad de discutir el asunto en privado con su cónyuge. Es más importante esperar y guardar la unidad en vez de arriesgarla. Por supuesto, si después de discutir el asunto, los dos no están de acuerdo, la esposa debe sujetarse y dejar que su marido tome la decisión. Asimismo, cuando el marido tiene dudas en cuanto a lo que debe decidir, debe considerar cuidadosamente la opinión de su esposa.

Pero tan pronto como hayan discutido un asunto familiar y hayan llegado a una decisión unánime, bien sea porque los dos tienen puntos de vista similares, o porque la esposa se somete en aquello en que difieren, la tarea de comunicarles la decisión a los hijos es simple. Nunca deberán desafiarse abiertamente el uno al otro. Si actúan así, no habrá motivo alguno de confusión para los hijos, ya que verán que sus padres están unidos.

Cuando el marido está fuera de la casa, la esposa tiene que manejar sola los problemas de los hijos. Pero puede actuar con confianza y fortaleza, porque sabe cómo piensa su marido si es que han dialogado en la forma correcta. Simplemente, está en capacidad de hacer exactamente lo que haría su marido si estuviera en casa. Nunca tendrá que tenerles temor a sus propios hijos.

Las mujeres que permiten que sus hijos hagan en ausencia del marido lo que nunca harían en su presencia, en realidad están amenazando su propia autoridad y produciendo frustración y tensión en sí mismas y en sus hijos. Debe recordarse que la autoridad paterna viene de Dios. El orden que El estableció, debe mantenerse mediante unas relaciones adecuadas dentro de la familia. Es decisivo que exista una auténtica unión entre los padres para que exista ese orden.

6

Los resultados

"No nos cansemos, pues, de hacer bien; porque a su tiempo segaremos, si no desmayamos" (Gálatas 6:9).

A los padres les gustaría que sus hijos obedecieran alegremente cada vez que se les pide que haga algo. Sin embargo, son muchos los padres que rara vez obtienen esta obediencia alegre de parte de sus hijos. Estarían dispuestos a conformarse con la simple obediencia. Han llegado a creer que la obediencia alegre es demasiado pedir.

Hay una escena que es muy común hoy cuando se va de compras. Una madre y su hijo discuten frente al puesto de caramelos del supermercado.

—Quiero caramelos —dice Juanito.

—No, mi amor, hoy no hay caramelos —responde la madre.

—¿Por qué? —pregunta Juanito.

—Has comido suficientes caramelos esta semana.

—Pero yo quiero caramelos de estos —replica Juanito.

—No, Juanito, ¡vámonos! —dice la madre.

—¡Quiero caramelos de estos! —grita Juanito.

—¡Dije que no! Ahora, vámonos. De lo contrario tendré que castigarte —dice la madre nerviosamente, mientras mira alrededor para ver si alguna otra persona ha oído su amenaza.

—¡Caramelos! ¡Caramelos!

—¡Cállate!

—¡Guaaa! ¡Guaaa!

—¡Cállate!

—¡Guaaa! ¡Guaaa!

—Está bien, toma los caramelos; ¡ahora, vamos!

A tan temprana, edad, Juanito aprendió que si gritaba duro y se portaba tercamente en los lugares públicos, la madre se avergonzaría rápidamente y cedería a sus demandas. Acababa de ganar otra victoria en la batalla de su voluntad contra la de sus padres.

No todo padre reacciona de la misma manera ante la terquedad. Por tanto, algunos hijos utilizan otras técnicas para lograr el mismo resultado: salirse con la suya. Unos gimotean y hacen pucheros, en tanto que otros hablan como si fueran bebitos, hacen caricias o pestañean. A algunos les dan rabietas y ruedan por el piso. Otros detienen la respiración hasta que sus padres sienten pánico. Pero en muchísimos casos de los que todos hemos sido testigos, el resultado es el mismo. Los padres se rinden ante las exigencias de los hijos.

Otra escena común es la que se produce cuando uno de los padres o de los abuelos ha terminado de hacer las compras y se dispone a abandonar la tienda, pero el muchacho decide quedarse.

—Bueno, Juanita, es tiempo de que nos vayamos —dice la madre, o el padre, o el abuelo.

—No, yo quiero quedarme para ver otras cosas.

—Ya es tiempo de marcharnos.

—No, ¡quedémonos aquí!

—Bueno, Juanita, si no te vas conmigo, tendré que irme y dejarte. Adiós, Juanita.

La amenaza de irse sin el pequeño parece que hace pensar al padre o a la madre que aquél decidirá marcharse también. Los niños como Juanita saben que sus padres no tienen la intención de abandonarlos. Así que, si Juanita insiste en quedarse, sabe que el padre o la madre regresará a la tienda a buscarla.

La imagen del niño desagradable, malhumorado y desobediente es tan común, que es una expresión gastada en las películas y en los programas de televisión. En efecto, los niños revoltosos son una parte tan ordinaria de nuestros espectáculos, que durante años pensé que la desobediencia y la terquedad eran características normales en todos los niños.

Hay una película antigua que me trae a la mente una escena particularmente vívida. Un padre está sentado en el comedor tratando de darles el desayuno a varios niños. Uno de ellos es pequeño todavía y está sentado en una silla alta. El padre hace todo lo que puede para que ese niño se coma su avena. Le ruega, le implora, pero no logra interesar al muchacho para que coma. En vez de ello, el niño termina la escena, no sólo obteniendo la victoria al negarse a comer la avena, sino también vaciando el plato completo sobre la cabeza del padre. En la pantalla, la escena se ve cómica. Pero es triste cuando se ve en la realidad.

Un problema al que se enfrentan muchos padres hoy, es que han visto y oído muchas cosas negativas sobre la paternidad. Por esto, no esperan ver aparecer en sus hijos la felicidad y la obediencia, aunque desearían que así fuera.

Un paso importante que deben dar los padres, es elevar su nivel de expectación hasta un punto en que se sientan conmovidos o desilusionados al ver la desobediencia en sus propios hijos. Ciertamente, no es voluntad de Dios que los padres se conformen con algo más bajo. Necesité muchos años para llegar finalmente al punto en que pude creer que Dios tenía respuestas para mis preguntas sobre cómo tener hijos felices y obedientes. Cuando nació nuestro hijo, yo estaba convencido de que la Palabra de Dios tenía esas respuestas para lograr mi éxito como padre. Pero sólo cuando nació nuestra hija, comprendí cuánto habían influido los principios de Dios en nuestra vida familiar.

Una noche fuimos a cenar en casa de unos amigos. Después de la cena, los niños salieron corriendo a jugar, y los padres nos sentamos en la sala. Pronto llegó el momento de marcharnos. Llamé a los niños:

—Niños, nos vamos.

—Bueno, papá —fue la respuesta. Y en pocos segundos, los dos niños estaban en la sala listos con sus abrigos puestos.

—¿Viste eso? —le dijo asombrado mi amigo a su esposa.

—Sí. ¡Es sorprendente! —dijo ella.

—¿Qué es sorprendente? —pregunté.

—El comportamiento de tus niños —respondió mi amigo—. Cuando tú dijiste que debían marcharse, obedecieron sin protestar.

Lo que para mis amigos era sorprendente, para mí había llegado a ser normal, puesto que durante algún tiempo, mi esposa y yo habíamos estado educando a nuestros hijos en conformidad con los principios que habíamos hallado en la Biblia. A nuestros hijos no les pareció raro obedecernos. ¡Esperábamos que ésa fuera su conducta normal!

Pero la obediencia y la felicidad no les vienen automáticamente a los hijos. Nadie tiene que enseñarle jamás a un niño a desobedecer; la desobediencia parece venir de modo natural. El egoísmo, la rebelión y el deseo de actuar conforme al propio capricho, se manifiestan en los niños desde muy temprana edad. Sin embargo, estas mismas señales de pecaminosidad y depravación son las que la Biblia proclama que pueden ser vencidas. Esas son las buenas noticias que trae la Biblia. Y eso significa que los niños ni tienen por qué ser una carga, ni un dolor, ni una frustración para sus padres. Pueden constituir en cambio, un gozo, una bendición y una satisfacción para sus más altas esperanzas.

Dios no pretendía que la paternidad constituyera una gran carga. Al contrario: tener hijos es un gran privilegio. "He aquí, herencia de Jehová son los hijos" (Salmo 127:3). Dios quiere que los padres tengan hacia sus hijos la misma actitud que El tiene hacia sus hijos espirituales. "Jehová está en medio de ti, poderoso, él salvará; se gozará sobre ti con alegría, callará de amor, se regocijará sobre ti con cánticos" (Sofonías 3:17).

Dios no trata a sus hijos de mala gana, sino que se regocija con ellos, y acepta con gusto la responsabilidad de formarlos. No los abandona. Le agrada que lo llamen Padre.

Los padres expresan una actitud positiva hacia la paternidad, cuando le dedican sus hijos a Dios. En esta dedicación, cada uno de los padres dice: "Acepto con gusto la vocación de padre, y confío en que Dios me dé su fortaleza y sabiduría para que yo pueda criar a mi hijo de tal modo que le agrade a El". En la dedicación también se reconoce el amor de Dios hacia sus hijos. También les da a los padres una oportunidad para manifestar que desean que las vidas de sus hijos sean dedicadas al servicio de Dios. En 1 Samuel, está escrito que Ana dijo: "Por este niño oraba, y Jehová me dio lo que le pedí. Yo, pues, lo dedico también a Jehová; todos los días que viva, será de Jehová" (1 Samuel 1:27, 28).

Los esposos no deben olvidar nunca que Dios los escogió a ellos para ser los padres de sus hijos. Eso significa que no pueden esperar que la escuela, la iglesia, o quien cuide a sus niños, actúen como padres. Tienen que guardarse de caer en la tentación de pasarle la responsabilidad de la paternidad a alguna otra persona. Sólo al aceptar la responsabilidad de la paternidad, podrán experimentar la emoción y la aventura verdaderas que hay en amar, guiar, educar y criar a sus hijos. Podrán descubrir cómo Dios les va enseñando a través de cada nueva etapa en que entran sus hijos. Podrán hallar la sabiduría que Dios les da cuando se enfrenten a situaciones a las cuales nunca se habían enfrentado. Los padres de un niñito de un año no necesitan saber cómo guiar a un muchacho de 15 años. Parte de la emoción de ser padre es que la sabiduría va viniendo a medida en que el hijo va creciendo. Cuando los padres obedecen lo que Dios les indica día tras día, esa misma obediencia se convierte en su preparación para el mañana.

Dios no pretendía que los padres aprendieran a criar a sus hijos mediante el sistema de pruebas y errores. La gente no tiene por qué encontrar la sabiduría necesaria para la paternidad, sólo después de que los hijos hayan crecido y se hayan ido del hogar. Todo padre que decida obedecer a Dios, puede confiar en que El le dará la sabiduría que necesite cada día, para poder criar a esos hijos en felicidad y obediencia.

PARTE II:
Los principios de instrucción

AMOR

EJEMPLO

> "Instruye al niño en su camino, y aun cuando fuere viejo no se apartará de él".
>
> (Proverbios 22:6)

DISCIPLINA

ENSEÑANZA

7

Principios básicos de instrucción

AMOR

EJEMPLO

> "Instruye al niño en su camino, y aun cuando fuere viejo no se apartará de él".
>
> (Proverbios 22:6)

DISCIPLINA

ENSEÑANZA

En Proverbios 22:6 se nos dice que como padres tenemos la responsabilidad de instruir a nuestros hijos con respecto al camino en que debe andar. Este texto en particular, no nos dice cómo debemos hacerlo. Por tanto, lo he encerrado en un cuadro para destacarlo como principio básico. Luego indicaré cómo enseña la Biblia en otros pasajes la manera de llevar a la práctica este principio.

Para educar a los hijos en la forma que Dios quiere, tenemos que poner nuestra atención en más de un aspecto. El amor, la disciplina, la enseñanza y el ejemplo, todos en conjunto, componen el tipo de educación que necesitan nuestros hijos. La composición de estos elementos en un conjunto armónico, nos proporciona la estructura necesaria para criar hijos felices y obedientes.

Algunas veces la felicidad y la obediencia no se ven, por el hecho de que hacemos demasiado hincapié en alguno de los elementos hasta el punto en que se pierde el equilibrio con los demás. Por ejemplo, algunos padres hacen tanto hincapié en el amor, que pasan completamente por alto la disciplina. Otros destacan tanto la disciplina, que desprecian a cualquiera que hable de amor, por ser blando en sus puntos de vista. Cada uno de los cuatro aspectos tiene una importancia vital. No podemos darnos el lujo de pasar por alto alguno de ellos y darle demasiada importancia a otro. El equilibrio es sumamente importante en la formación de los niños.

El amor sin disciplina produce hijos consentidos. La disciplina sin amor produce el desánimo y un espíritu quebrantado en los hijos. La enseñanza sin ejemplo produce amargura y resentimiento. El ejemplo sin la enseñanza produce hijos inestables e inseguros. La falta de cualquiera de estos principios absolutos establecidos por la Palabra de Dios, deforma su crecimiento. Necesitan desarrollarse sobre el fundamento firme, sólido e inmutable puesto por Dios.

Vemos la seriedad de estos cuando nos enfrentamos a los resultados peligrosos que les acarrean a nuestros hijos. Uno de los resultados es que éstos puedan vagar como idealistas sin rumbo o como rebeldes amargados por la vida, convertidos en presa fácil de cualquier ideología radical que se les presente. La enseñanza correcta les ofrece unos cimientos de certidumbre basados en la Palabra de Dios.

En los siguientes capítulos, echaremos una mirada a cada uno de estos elementos básicos que constituyen los principios de la educación, con el fin de descubrir qué significa, según las Escrituras, instruir a los niños en el amor, la disciplina, la enseñanza y el ejemplo.

También hay una promesa especial para los padres en Proverbios 22:6. Allí se nos dice que, si instruimos a nuestros hijos en el camino en que deben andar, no se apartarán de él. Se incluye allí esta promesa con el objeto de que sirva de estímulo para todo padre que se disponga a criar a sus hijos en los caminos de Dios. Una vez pensé que significaba algo diferente de lo que realmente dice. Me pareció que tenía el siguiente significado: "cuando fuere viejo, volverá al camino en que tú lo educaste". Es decir, pensaba que si un padre instruye a su hijo en los caminos de Dios cuando es pequeño, llevándolo a la iglesia, dándole versículos bíblicos para que aprenda de memoria, y demás, cuando pasara el período rebelde de la adolescencia, volvería, como el hijo pródigo, y reclamaría su herencia espiritual.

Ya sé que esa interpretación de este versículo describe exactamente lo que ha ocurrido en muchos casos. No debemos pasar por alto la obra que Dios ha hecho en las vidas adultas que se habían apartado de la educación cristiana que recibieron en sus primeros años. Pero no debemos aceptar que ésta fuera la forma en que Dios quería que sucedieran las cosas. Esto es simplemente convertir al hijo pródigo en un modelo normal. Tenemos que elevar nuestras expectaciones mucho más arriba. Debemos hacer que se conformen exactamente a lo que se nos ha prometido en Proverbios 22:6: "Instruye al niño en su camino, y aun cuando fuere viejo *no se apartará de él*".

Si una persona está de viaje, y de repente abandona el camino para marcharse por una dirección distinta de aquella en la cual marchaba, *se ha apartado* del camino. Posteriormente, si regresa al camino y continúa hacia su lugar de destino, *ha regresado* al camino. Por otra parte, si la persona está de viaje y permanece en el camino hasta que llega a su destino, *no se ha apartado* de él. La promesa de este versículo dice que "no se apartará".

Los hijos pueden ser una bendición para los padres. Los padres no tienen por qué esperar con temor anticipado la rebelión de la adolescencia. Dios no quiere que ninguna persona pase por un período de rebelión. Lo que desea es que cada cual, en todo momento de su vida, sea una bendición para El y para los demás. Ciertamente la rebelión no es parte normal del desarrollo en el plan original de Dios. En todos los lugares de las Escrituras en que aparece algún individuo rebelde, Dios trata esa rebelión como pecado. Sin embargo, muy a menudo se ha aceptado la rebelión como algo normal.

Jesús es el ejemplo perfecto de hijo. En todas las partes de la Biblia se nos anima a que lo miremos a El como el que vivió de tal manera que agradó a Dios, y el que está puesto para ser nuestro ejemplo. Cuando Jesús fue bautizado por Juan el Bautista, se oyó la voz de Dios que decía: "Este es mi Hijo amado, en quien tengo complacencia" (Mateo 3:17). Dios tuvo complacencia con la vida de Jesús, con la manera en que El había vivido los treinta años anteriores. ¿Qué estuvo haciendo Jesús en esos años? Estaba viviendo en el hogar, *sujeto* a sus padres. Era una bendición para ellos y para su Padre celestial.

Es cierto que la Biblia habla acerca de hijos pródigos que abandonan por rebeldía el hogar, y algún día regresan. Los padres deben recibir al hijo extraviado con amor y con los brazos abiertos. Pero perdemos la verdadera enseñanza de las Escrituras si hacemos que el caso del hijo pródigo se convierta en un ejemplo de la experiencia diaria en la vida cristiana.

Una de las razones por las cuales nuestras expectaciones con respecto a nuestros hijos son bajas, puede ser que nosotros mismos no hayamos tenido una niñez feliz y obediente. Es posible que tuviéramos momentos felices. Si recordamos esos momentos de felicidad, tendríamos que llegar a la conclusión de que la mayoría no fueron momentos de felicidad obediente. Es decir, estuvimos felices por el hecho de que obtuvimos lo que queríamos, o de que nos estábamos sirviendo a nosotros mismos. Esa clase de felicidad, por supuesto, no es la felicidad CRISTIANA, según la Biblia. ¡Es egoísmo!

Permítame repetirlo: DIOS QUIERE QUE SUS HIJOS SEAN FELICES. El orden establecido por Dios, es que los niños sean felices. Decir "felicidad" es otra manera de decir que la persona es bendecida con el favor de Dios. El quiere que todos conozcamos su bendición. Esa bendición trae gozo, sin importar cuáles puedan ser las circunstancias externas. Pero DIOS TAMBIEN QUIERE QUE SUS HIJOS SEAN OBEDIENTES. En el orden establecido por El, los hijos han de ser obedientes también. Estos dos aspectos están tan estrechamente vinculados, que son como las dos caras de una moneda. Cada cara podrá ser diferente a la otra, pero si queremos una moneda genuina, debemos tener ambas. Cualquiera otra cosa sería una falsificación.

No tenemos por qué esperar la rebelión de parte de nuestros hijos. Más bien debemos esperar de ellos el amor, la lealtad y la obediencia. Este tipo de hijo es el que Dios espera que exista en la familia cristiana normal.

8

El amor

Ejemplo	"El que no ama, no ha conocido a Dios; porque Dios es amor". (1 Juan 4:8)	Disciplina

Enseñanza

El amor es la base de la vida de familia. Es la roca fundamental sobre la cual ésta es edificada. Sin el amor como cimiento, todas las técnicas y habilidades relacionadas con la vida familiar fracasan. Dicho de otra manera, el amor es a la familia lo que el aceite es a la maquinaria. Sin aceite, los contactos entre las partes de la máquina se echan a perder y se desgastan, y con el tiempo funcionan mal o se desintegran. Sin el calor del amor, las relaciones de la familia se tornan frías, duras y rígidas. Lo que establece la diferencia entre una familia feliz y la definición que un diccionario pueda dar de la familia, es el amor.

Los hijos necesitan dos expresiones fundamentales de amor. La primera es el amor natural de los padres. Es la clase de amor que dice: "Recibo y acepto con mucho gusto a mi hijo en mi familia". Esa es la clase de amor que el niño debe obtener desde el principio. Este amor espontáneo y natural puede ser expresado aun cuando la criatura esté todavía formándose en el vientre de su madre.

Por desdicha, hay algunos padres que no tienen esta experiencia inicial de amor para con el hijo aún por nacer, a causa de su egoísmo o de ideas equivocadas. Algunos piensan que el hijo interrumpirá sus planes y ambiciones y los atará. Otros piensan que la paternidad es una carga y una responsabilidad que no pueden aceptar. Como resultado, tratan a sus hijos como intrusos en la familia y los rechazan o se sienten mal con su presencia.

El niño necesita ser amado y bien recibido por sus padres desde el principio, porque ése es el momento en que Dios ama y acepta a un niño. El salmista explica el compromiso profundo e íntimo que hace Dios con los niños desde antes de su nacimiento:

"Oh Jehová, tú me has examinado y conocido.
Tú has conocido mi sentarme y mi levantarme;
Has entendido desde lejos mis pensamientos.
Has escudriñado mi andar y mi reposo,
Y todos mis caminos te son conocidos.
Pues aún no está la palabra en mi lengua,
Y he aquí, oh Jehová, tú la sabes toda.
Detrás y delante me rodeaste,
Y sobre mí pusiste tu mano.
Tal conocimiento es demasiado maravilloso para mí;
Alto es, no lo puedo comprender.

¿A dónde me iré de tu Espíritu?
¿Y a dónde huiré de tu presencia?
Si subiere a los cielos, allí estás tú;
Y si en el Seol hiciere mi estrado, he aquí, allí tú
    estás.
Si tomare las alas del alba
Y habitare en el extremo del mar,
Aun allí me guiará tu mano,
Y me asirá tu diestra.
Si dijere: Ciertamente las tinieblas me encubrirán;
Aun la noche resplandecerá alrededor de mí.
Aun las tinieblas no encubren de ti,
Y la noche resplandece como el día;
Lo mismo te son las tinieblas que la luz.
Porque tú formaste mis entrañas;
Tú me hiciste en el vientre de mi madre.
Te alabaré; porque formidables, maravillosas son
    tus obras;
Estoy maravillado,
Y mi alma lo sabe muy bien.
No fue encubierto de ti mi cuerpo,
Bien que en oculto fui formado,
Y entretejido en lo más profundo de la tierra.
Mi embrión vieron tus ojos,
Y en tu libro estaban escritas todas aquellas cosas
Que fueron luego formadas,
Sin faltar una de ellas.
¡Cuán preciosos me son, oh Dios, tus pensamientos!
¡Cuán grande es la suma de ellos!
Si los enumero, se multiplican más que la arena;
Despierto, y aún estoy contigo" (Salmo 139:1-18).

Dios no espera hasta que el hijo nazca para comprometerse con su vida. De igual modo, el amor paternal es el que dice: "Sí, te acepto; sí, te alimentaré y te daré lo que necesites". El amor paternal recibe al hijo con gozo y agradecimiento, y reconoce que la nueva vida es un don de Dios.

La segunda expresión de amor que necesitan los

niños de sus padres, es la del amor divino. No es suficiente el amor natural o paternal. Este tiene sus limitaciones. El amor natural expresa los mejores intereses de los padres, pero el amor divino expresa los mejores intereses de Dios. El amor divino es esencial para que los padres tengan hijos felices y obedientes. La Biblia nos dice: "El amor de Dios ha sido derramado en nuestros corazones por el Espíritu Santo que nos fue dado" (Romanos 5:5). La relación personal con Jesucristo es una experiencia de amor divino. Y esa experiencia de amor puede ser presentada a cualquier niño de varias maneras.

Es un amor que quiere lo mejor para el hijo

Como Dios es amor, El desea lo más alto y lo mejor para toda su creación. Dios le ordenó a Israel que lo amara con todo su corazón, con toda su alma, con toda su mente y con toda su fuerza. No le dio este mandamiento por egoísmo. Se lo dio por amor. Al mirar a toda su creación, vio que no había nada más alto ni mejor que El mismo. Amar a cualquier otra persona o cualquier otra cosa más que a Dios, es conformarse con algo que está por debajo de lo mejor. Los padres que amen a sus hijos con el amor de Dios, deben tener esta misma norma. Han de reconocer que la relación personal de sus hijos con Dios y la impresión del sello divino dentro de ellos es la meta mejor y más elevada que pueden tener como padres.

El amor divino expresado a través de los padres, pondrá el máximo de atención e interés en las necesidades espirituales del hijo. Pero aun cuando se trate de necesidades temporales, como el amor desea lo mejor, debe ser selectivo o discriminador. Dicho en otras palabras, desear lo mejor significa reconocer que algunas cosas están por debajo de lo mejor, y rechazarlas. El amor divino no actúa en forma indiscriminada. Dios aparta a su pueblo *de algunas cosas*, para darle otras que son mejores.

Por tanto, un padre amante mantiene a su hijo lejos de algunas cosas (o mantiene algunas alejadas de él), porque quiere lo mejor para su hijo. Así que tenemos que recordar que el amor tiene dos aspectos. Desea lo mejor. Pero para desear lo mejor tiene que rechazar cualquier cosa que sea menos que lo mejor. El amor dice tanto "no", como "sí".

Es un amor que procede de la voluntad

Dios nos ama porque es amor. El amor no es sólo algo que Dios tenga o sienta; no, El *es* amor. Su amor significa que quiere el mejor y supremo bien. Ese amor es constante e inmutable. La extensión de su amor hacia la humanidad, no está controlada por ninguna emoción egoísta, ni por ninguna humorada. Dios no nos ama solamente cuando funcionamos en forma correcta. La Biblia nos dice: "Nosotros le amamos a él, porque él nos amó primero" (1 Juan 4:19). Cuando estábamos aún en nuestros pecados, Dios nos amó. El amor de Dios nos alcanza, tratando de corregirnos y restaurarnos, aun cuando lo rechacemos por rebeldía.

El amor de Dios a través de los padres, debe tocar a los hijos del mismo modo. El amor divino ha de fluir del corazón y de la voluntad, impidiendo que el padre sea gobernado por emociones o impulsos egoístas. Les ofrecerá la motivación correcta a los padres, para que deseen sólo el bien más alto y mejor para sus hijos. También habrá de impedir que manifiesten una actitud de rechazo hacia sus hijos en el caso de que éstos cometan faltas o se rebelen. Siempre buscará la manera de corregir y restaurar. El amor divino nunca se da por vencido.

Es un amor que da

"Porque de tal manera amó Dios al mundo, que ha dado a su Hijo unigénito, para que todo aquel que en él cree, no se pierda, mas tenga vida eterna" (Juan 3:16).

El amor divino es un amor de entrega y sacrificio. El amor divino en los padres también es entrega y sacrificio. El que sólo busca beneficios para su propia persona, no es amor divino.

El amor sacrificado tiene muchísimas expresiones en la paternidad. Ser padre es ser "un dador". Las palabras son otra manera de expresar amor por los hijos. Andrew Murray, el gran escritor cristiano, decía:

> "Que el padre y la madre tenga una vida que se distinga por el amor a Dios y al hombre; ésta es la atmósfera en que crecen los niños capaces de amar. Que toda la relación con los niños esté llena de amor santo. Las palabras hirientes, las represiones ásperas, las respuestas impacientes, son infecciosas. El amor exige, y no tiene temor. Se necesitan abnegación, tiempo, atención cuidadosa y perseverancia paciente para educar rectamente a nuestros hijos. Siempre deben oírnos hablar de otras personas, amigas o enemigas, de un modo que ponga de manifiesto el amor de Cristo".

Los hijos aprenden mucho de sus padres sobre lo que es bueno, malo, útil o degradante. Las palabras que se utilizan con los hijos deben ser alentadoras. El vocabulario de un padre debe inspirar el hijo, estimularlo, elevarlo. Un niño del cual se diga que "no sirve para nada", probablemente se identificará con ese calificativo. Las palabras crueles y las bromas pesadas que los padres les dirigen a sus hijos, constituyen una de las principales maneras de provocarlos a la ira o de quebrantar su espíritu.

Las palabras llevan consigo una fuerza poderosa que puede determinar tanto las actitudes de los hijos, como la atmósfera del hogar. Las palabras negativas, las quejas, las críticas y los juicios, esparcen nuestras emociones y actitudes hacia los demás miembros de la familia. La Escritura nos amonesta diciendo:

"Ninguna palabra corrompida salga de vuestra boca, sino la que sea buena para la necesaria edificación, a fin de dar gracia a los oyentes" (Efesios 4:29).

Las horas de comida son momentos en que debemos cuidar nuestra conversación de una manera especial. Lo que se hable en la mesa, debe ser positivo, sano y edificante. Hablar acerca de las faltas de los demás no ayuda a la digestión ni al espíritu de nadie.

El amor sacrificado se expresa también en el tiempo y la atención que se les dedican a los hijos. Muchos padres jamás oyen lo que sus hijos dicen, porque no apartan tiempo para oirlos. Los mismos padres se asombran después, porque sus hijos no los oyen. Para oir al hijo se necesita tiempo; y tomar tiempo exige sacrificio. Hay que abandonar alguna cosa, algún interés, algún asunto, para poder detenerse a escucharlo.

La atención es también una expresión de amor. El niño necesita el estrecho contacto corporal de los padres. Un abrazo cálido y afectuoso del padre o de la madre puede significar mucho más para el niño que centenares de juguetes o regalos. Los padres no deben vacilar en manifestar este amor, ya que por medio de ese abrazo del padre o de la madre, es como el niño adquiere la sensación de seguridad, fortaleza y estabilidad desde su más tierna infancia.

Es un amor que no juzga

Dios nos hizo a todos. Y cada uno de nosotros es único. El no nos juzga a base de comparar nuestras habilidades y capacidades con las de otra persona. Nos acepta y nos ama tal como somos.

Debemos recordar la manera como Dios nos ama cuando nos relacionamos con nuestros hijos. Comparar a uno de ellos con otro, diciéndole: "¿Por qué no haces como fulano?" es juzgarlo, condenarlo indirectamente y destruir el sentido de su propio valor. Se puede decir que los padres son los que infunden en sus hijos los símbolos personales del éxito o del fracaso. Esta responsabilidad es muy grande. Un padre tiene la facultad de hacer que su hijo experimente una sensación de fracaso, o de que nunca será capaz de realizar nada de valor. Para evitar cometer errores en este asunto, es importante que los padres ayuden a su hijo a hallar y desarrollar los talentos especiales o las habilidades únicas que Dios le dio.

Dios mide el éxito de una persona según ésta haga lo que El le dice, o no. "Bien, buen siervo y fiel; . . . entra en el gozo de tu señor" (Mateo 25:21). Si limitamos la definición del éxito para que signifique simplemente el logro de cierta condición social, o de ciertos ingresos económicos, fallamos en cuanto a comprender lo que Dios quiere que hagamos de nuestra vida. Dios puede bendecirnos con estas cosas, pero no son ellas la prueba del verdadero éxito. El éxito de Jesús estuvo en su obediencia a la misión que le encomendó el Padre; y en ella estaban incluidos los ultrajes que recibió públicamente y la muerte ignominiosa en la cruz, como expiación por el pecado. El dijo que su gozo provenía de hacer la voluntad del que lo había enviado. Según las normas contemporáneas del éxito, Jesús fue un fracaso. No tuvo dinero. No alcanzó cargos políticos ni rango en la comunidad. No ganó medallas ni trofeos. En efecto, fue despreciado, rechazado por los hombres, y abandonado hasta por sus amigos. Pero la Biblia nos dice que Dios exaltó a su Hijo levantándole de entre los muertos y dándole toda autoridad en el cielo y en la tierra.

La mayoría de los cristianos de la Iglesia primitiva, se preocuparon poco con respecto a las normas contemporáneas del éxito. Esteban, el primer mártir de la iglesia, ciertamente no hubiera pasado las pruebas que hoy estiman necesarias para considerar que alguien tiene éxito: fracasó en el empeño de ganar amigos y conseguir personas que le manifestaran simpatía. Le dijo al pueblo lo que Dios quería que dijera, en vez de decir lo que el pueblo quería oir. ¿Tuvo éxito? La Biblia nos dice que en la hora de su muerte, Jesús ocupó su trono a la diestra de Dios para darle la bienvenida a su siervo que llegaba al hogar. O pensemos en Juan el Bautista: por cumplir con el llamamiento divino, fue decapitado. ¿Tuvo éxito? Jesús mismo dijo que de todos los profetas no hubo uno mayor que Juan el Bautista.

Los padres amorosos deben animar a sus hijos para que se pongan por meta las elevadas normas de la Palabra y la voluntad de Dios, sin importar cuál sea el costo. Hay que enseñarles que hacer la voluntad de Dios es lo que produce la plenitud de gozo y la satisfacción. Jesús dijo: "El que halla su vida, la perderá; y el que pierde su vida por causa de mí, la hallará" (Mateo 10:39).

9

La disciplina
(Primera Parte)

Amor

Ejemplo

> "El que detiene el castigo, a su hijo aborrece; Mas el que lo ama, desde temprano lo corrige".
> (Proverbios 13:24)

DISCIPLINA

Enseñanza

¿Por qué la disciplina?

La disciplina brota del amor. Amar es desear lo mejor para alguna persona. Por eso, la disciplina forma parte del amor. El padre amante dirá: "Porque quiero lo mejor para ti, no voy a permitir que hagas ni seas nada que te impida tenerlo".

Con frecuencia se oye a los padres decir: "¡Ah! Yo amo tanto a mis hijos, que no puedo disciplinarlos".

Sin embargo, la Biblia nos dice (véase Proverbios 13:24) que *no* disciplinar a los hijos es aborrecerlos. Esto puede ocurrir cuando los padres prefieren evitar el breve momento de dolor que se necesita para la corrección, y permiten que los hijos continúen con las actitudes y las obras que afectarán su bienestar por toda la vida. No querer disciplinar a nuestros hijos es una clara señal de que no les tenemos el amor que Dios quiere que les tengamos. Hacemos mal al confundir el amor con la mera emoción o el sentimiento. El amor, según la Biblia, es una dedicación consciente al bienestar y a lo mejor de la otra persona. Un día, nuestra sobrina de nueve años de edad estaba de visita en nuestro hogar, y con mucha alegría le dijo a mi esposa: "Mi mamá me castiga porque me ama".

Por dos razones muy importantes necesitamos disciplinar a nuestros hijos. En primer lugar, porque necesitan esa disciplina. En Proverbios 22:15 leemos: "La necedad está ligada en el corazón del muchacho; mas la vara de la corrección la alejará de él". Ningún niño nace perfecto. La disciplina es parte del plan de Dios para atraer esa vida hacia El tan pronto como sea posible, a fin de conformarla a su imagen. "No rehúses corregir al muchacho; porque si lo castigas con vara, no morirá. Lo castigarás con vara, y librarás su alma del Seol" (Proverbios 23:13, 14).

Una teoría muy en boga hoy en día, sostiene que el niño nace básicamente bueno e inocente, y si dejamos que se desarrolle con libertad, crecerá feliz y satisfecho. Este punto de vista enseña que la sociedad humana corrompe a la gente; la sociedad impone normas y exigencias que crean tanto el sentimiento de culpa como la frustración. La culpa de que haya niños problemáticos y adultos degenerados, debe ser achacada al ambiente, según dicha teoría. Sin embargo, la Biblia nos dice que el problema real está en el corazón humano.

Muchos padres aceptan esta teoría y creen que para tener niños felices, hay que dejarlos que crezcan sin restricción alguna. Piensan que los hijos pueden hallar la felicidad mediante la libre expresión de su persona, en la manera que prefieran. Consideran que cualquier forma de disciplina es crueldad y que la autoridad paterna es dictatorial. A menudo prefieren considerarse simplemente como "amigos" de sus hijos, y no como padres.

La segunda razón por la cual hay que disciplinar a los hijos, es la más importante: porque Dios les dice a los padres que los disciplinen. Y Dios, que es nuestro Padre celestial, disciplina de igual modo a sus hijos espirituales. Leemos en Hebreos 12:6: "Porque el Señor al que ama, disciplina, y azota a todo el que recibe por hijo". Tanto los padres, como los hijos, tienen que entender que Dios ordena que el padre y la madre disciplinen a sus hijos. El hecho de saber que la disciplina es un mandamiento de Dios, crea en los niños, no resentimiento, sino respeto y admiración hacia sus padres. Cuando los hijos crezcan, reconocerán que la disciplina se les aplicó como un acto de obediencia a Dios, realizado por unos padres que los amaron de verdad.

A menudo, el mayor problema del hogar no son los hijos, sino los padres. Ellos son los primeros que necesitan disciplina. Con frecuencia ponen sus propias emociones humanas y sus razonamientos por delante de las instrucciones de Dios. Los padres que son indiscriminadamente indulgentes con sus hijos, que siempre les dan lo que quieren cada vez que se pongan a gimotear o a lisonjearlos, pudieran pensar que les están expresando su amor. Pero no es así. En realidad, tales padres están siendo crueles con sus hijos: están dándoles ánimo para que se vuelvan egoístas y egocéntricos.

Hace poco oí a una joven conversando en un mostrador con una empleada. Esta le decía:

—Ya sé que vas a casarte.

—Es cierto, y ya no puedo esperar más.

—¿Cuánto tiempo piensas esperar antes de tener hijos?

—¿Hijos? ¡Ni pensarlo! No pienso tener ningún mocoso malcriado. No los aguanto. No voy a tener hijos.

Esa mujer no estaba describiendo a los niños, sino a sí misma, y estaba indicando la clase de madre que habría de ser. Los hijos se convierten en lo que sus padres les permitan ser.

La disciplina es a la vez un acto de fe y un acto de obediencia. Una madre decía que para ella, tener fe significaba que si uno creía con suficiente fuerza que algo iba a ocurrir, ocurriría. Luego comenzó a comprender que la fe significaba en primer lugar, creer en la Palabra de Dios; en segundo, actuar basado en esa Palabra; y tercero, saber que Dios hará la parte que le corresponde, cumpliendo sus promesas en quienes creen y obedecen. Esta mujer afirmaba que llegó a estar convencida de que, al obedecer ella diariamente, enseñando y disciplinando a sus hijos, el Señor, por su Espíritu, obraría en los corazones de ellos, para que fueran fieles a los designios de Dios todos los días de su vida. Para ella, disciplinar con fe significaba permanecer fiel a su deber, aunque sus emociones y sus inclinaciones personales la movieran a la indulgencia para con sus hijos. Llegó a comprender que el amor, la obediencia y la fe estaban vinculados entre sí, en una activa relación con Dios y con sus hijos.

"Y sabemos que a los que aman a Dios, todas las cosas les ayudan a bien, esto es, a los que conforme a su propósito son llamados. Porque a los que antes conoció, también los predestinó para que fuesen hechos conformes a la imagen de su Hijo, para que él sea el primogénito entre muchos hermanos" (Romanos 8:28, 29).

Una vez que estemos convencidos sobre el hecho de que nuestros hijos necesitan disciplina y de que es mandato de Dios, necesitamos saber cuál es el propósito por el cual los hemos de disciplinar. La disciplina no debe ser esporádica ni caprichosa. Es sólo un medio para lograr un fin. El fin, es decir, la meta, tiene que estar clara. El uso de la mirilla es lo que le ayuda al tirador a dar en el blanco. El piloto de un aeroplano tiene que tener claramente en su pensamiento el lugar de destino, a fin de arreglar los instrumentos de tal modo que lo ayuden a interpretar el plan de vuelo. La meta final de un padre cristiano es, en primer lugar, que sus hijos conozcan personalmente al Señor Jesucristo como su Salvador personal y que luego se consagren a El; y en segundo, que sean testigos de la vida y la persona de Cristo.

Hay dos aspectos principales en la vida de los niños, que pueden amenazar el logro de esta meta. El primero es el desarrollo de *malas actitudes*. El segundo es la *desobediencia voluntariosa*. Cada vez que los niños manifiestan una mala actitud, o desobedecen voluntariamente, necesitan recibir disciplina. En la medida en que los niños aprendan a obedecer a sus padres con una actitud correcta, también aprenderán a obedecer a Dios. En otro sentido, la disciplina forma un molde en el cual Dios puede derramar su Espíritu. Así el niño puede ser convertido en un vaso que servirá para ser usado por el Señor.

En su libro *You and Your Child* (Tú y tu hijo), Charles R. Swindoll dice:

> "En nuestro hogar les hacemos frente a las actitudes con tanta severidad como a las acciones. A un espíritu hosco y terco se le hace frente en una forma tan directa, como a la mentira o al robo. La manera en que tratemos a nuestros hijos, determinará en gran medida la forma en que le habrán de responder a Dios".

Dios le dio al hombre ciertos límites, dentro de los cuales tiene que funcionar. Estos límites están señalados por su ley moral. La voluntad de Dios para con el hombre no es sólo que viva dentro de esos límites, sino que viva dentro de ellos *con felicidad*. Esto ocurre cuando el hombre comprende que Dios no los estableció con el objeto de limitarlo, o de quitarle su diversión, sino más bien para evitar que haga todo aquello que deshonra a Dios y somete al hombre a esclavitud. La voluntad de Dios es algo maravilloso. El nos dio cosas estupendas, para que disfrutemos de ellas. No quiere que le sirvan a disgusto o con resentimiento, como pensando que se está desperdiciando la vida. El Salmo 100:2 nos dice: "Servid a Jehová con alegría". De igual modo, no basta con que los hijos permanezcan dentro de los límites que sus padres les establezcan, sino que han de estar dentro de ellos con felicidad. Esta felicidad les viene de saber que están agradando a sus padres, y de la seguridad puesta en el amor de sus padres, que sólo desean lo mejor para ellos.

> "El fin de todo el discurso oído es este: Teme a Dios, y guarda sus mandamientos; porque esto es el todo del hombre" (Eclesiastés 12:13).

> "Oh hombre, él te ha declarado lo que es bueno, y qué pide Jehová de ti: solamente hacer justicia, y amar misericordia, y humillarte ante tu Dios" (Miqueas 6:8).

> "Hijos, obedeced a vuestros padres en todo, porque esto agrada al Señor" (Colosenses 3:20).

La obediencia y las actitudes correctas constituyen la voluntad de Dios para todo hijo. El desea que haya una conformidad tanto externa como interna a su voluntad. La personalidad, las aptitudes, el sexo o el temperamento de un hijo no pueden ser excusa para la desobediencia voluntariosa ni para actitudes incorrectas. No importa si el niño es tranquilo, sociable, atlético o estudioso. Siempre habrá forma de educarlo para que sea un hijo feliz y obediente.

¿Qué es la obediencia?

Es necesario que los hijos obedezcan cada vez que sus padres les piden que hagan algo, pero con un tono de voz razonable, sin vociferar ni gritar. Una señora llevó a su casa un día a la niñita de cuatro años de una vecina. Luego de haber estado un rato allí, la niña preguntó: "¿Siempre hablas tan suave? Mi mamá grita".

Al hijo hay que enseñarlo para que actúe según las indicaciones que le dan sus padres. Su propia opinión en cuanto a lo que debiera hacer, o en cuanto a si es razonable lo que dicen sus padres, no tiene importancia. Al niño hay que enseñarlo a que obedezca a la voz de sus padres.

La desobediencia es un asunto serio y jamás debe pasarse por alto. Los padres no deben tratarla con liviandad. Leemos en 1 Samuel 15:22, 23: "Y Samuel dijo: ¿Se complace Jehová tanto en los holocaustos y víctimas, como en que se obedezca a las palabras de Jehová? Ciertamente el obedecer es mejor que los sacrificios, y el prestar atención que la grosura de los carneros. Porque como pecado de adivinación es la rebelión, y como ídolos e idolatría la obstinación. Por cuanto tú desechaste la palabra de Jehová, él también te ha desechado para que no seas rey".

Hay padres que pudieran estremecerse con la idea de la brujería, y sin embargo, piensan livianamente con respecto a la desobediencia. Algunos incluso han cometido el error de decir que un acto de desobediencia es "lindo". He podido presenciar circunstancias en que un padre pide algo, y el muchacho se niega, se hace el tímido, mueve las pestañas y sale corriendo. En vez de disciplinarlo por no obedecer, el padre se ríe y dice: "¡Tan lindo! ¿Verdad?" Eso equivale a decir que está bien lo que hace el hijo. La Biblia dice: "Oye, hijo mío, la instrucción de tu padre, y no desprecies la dirección de tu madre; porque adorno de gracia serán a tu cabeza, y collares a tu cuello" (Proverbios 1:8, 9). (Permítaseme decir aquí que doy por supuesto que esos padres les están dando a sus hijos una instrucción adecuada, basada en la Palabra de Dios, y no formándolos para el mal.)

La verdadera obediencia comprende tres aspectos; de lo contrario, con seguridad que no es obediencia. El primero es la *acción inmediata*. Si uno le dice al niño que haga algo, por ejemplo, recoger los juguetes, y él dice: "Después", o "Ya va", y una hora después, los juguetes están todavía regados, no ha habido obediencia. La obediencia inmediata a la orden de cualquiera de los padres es vital; el amor exige que sea así. Cuando una madre descubre que su hijo está jugando en la calle y ve que aparece un carro de repente le dirá a su hijo: "¡Ven acá!" Quiere que la obedezca *inmediatamente*. Sabe que su obediencia al orden, pudiera salvarle la vida, así como la respuesta de los discípulos al mandato de Jesús: "Venid", fue inmediata y salvadora: "Ellos entonces, dejando al instante las redes, le siguieron" (Mateo 4:19, 20).

En segundo lugar, la obediencia verdadera requiere una *acción completa*. Si se le pide al niño que recoja los juguetes y arregle la cama, pero sólo recoge los juguetes, no ha habido obediencia real. La obediencia completa requiere que se haga el trabajo en su totalidad. "Hijos, obedeced a vuestros padres en todo", afirma Colosenses 3:20, y agrega: "porque esto agrada al Señor".

En tercer lugar, la verdadera obediencia requiere *buena disposición*. Si a un niño se le pide que recoja los juguetes y arregle su cama, y se va a hacer las dos cosas, pero con cara larga o gimoteando y quejándose, no ha habido obediencia verdadera. Un padre no debe aceptar la sujeción de mala gana como si fuera una verdadera obediencia. El Salmo 100:2 dice: "Servid a Jehová con alegría".

La obediencia *completa, inmediata* y *bien dispuesta* no es sólo un deber o una obligación para el niño; es también un privilegio. A través de la obediencia a los padres, Dios permite que los hijos manifiesten su amor hacia El.

En una ocasión en que una familia iba en su auto, el padre le pidió a su hijo que se sentara. El muchacho insistió en quedarse de pie, con lo cual bloqueaba la mirada del padre a través del espejo retrovisor. De nuevo, el padre le dijo firmemente a su hijo que se sentara. Por fin, el hijo se sentó. A los pocos minutos, el muchacho habló de pronto y dijo: "Papá, por fuera estoy sentado, pero por dentro estoy de pie".

¡La completa obediencia significa sentarse tanto por fuera como por dentro!

¿Cuál es la actitud correcta?

La respuesta adecuada ante las situaciones y las cosas que nos rodean, constituye lo que yo llamo la actitud correcta. Esta respuesta se caracteriza por una disposición alegre. Las palabras y las acciones poco amables surgen cuando hay una actitud incorrecta. Podemos reconocer las malas actitudes, aunque difieren entre los niños según las diferentes edades y personalidades. Los padres necesitan entender las actitudes del hijo, y hacerles frente tal como son.

Al niño hay que enseñarle que cuando uno de los padres lo llama desde otro cuarto o desde afuera, debe responder: "En seguida voy". Esta respuesta manifiesta inmediata obediencia, aunque todavía necesite uno o dos minutos para llegar al sitio al cual se lo llama. Además, hay que enseñarles a los hijos que cuando los padres les piden que hagan algo, o lo dejen de hacer, siempre deben responderles. De esta manera manifiestan su respeto hacia los padres y hacia las demás personas, y en la cortesía de su respuesta manifiestan más claramente su actitud de obediencia.

He aquí algunas de las diversas maneras en que los niños manifiestan actitudes incorrectas cuando se les pida que hagan algo:

1. Llorando.
2. Gritando: "No quiero".
3. Pataleando o dando puntapiés (rabietas).
4. Dando un portazo lleno de ira.
5. Resistiéndose mediante el recurso de poner rígidos el cuerpo y las piernas (en los niños más pequeños, cuando los acuestan o los colocan en una silla).
6. Haciendo pucheros.
7. Empujando al padre o a la madre (por la razón que sea).
8. Agitándose o gimoteando.

Podría ayudarnos presentar un ejemplo típico. Le dicen a un niño: "Ya es hora de acostarte, Tomasito".

Tomasito se va a su dormitorio, pero comienza a llorar, se agita y se rebela. Internamente está en rebelión y no en obediencia.

En una situación como ésta, el padre tiene que disciplinar al hijo. Aunque los pies de Tomasito lo hayan llevado a su dormitorio, necesita aprender que la obediencia requiere una actitud de cooperación *voluntaria*. Debe comprender que cuando se le dice que se acueste, no hay otra alternativa "feliz". Sí, Tomasito puede aceptar eso, y lo aceptará con alegría, si sabe que sus padres lo aman y que no cambiarán su opinión en el asunto de la hora del acostarse. El hijo puede *escoger* la felicidad. Cuando un niño hace esa decisión, su corazón está preparado para recibir el gozo y la paz del Espíritu de Dios.

Una vez mi hija se estaba resistiendo a todos los esfuerzos para enseñarle a sentarse tranquilamente en la iglesia. Se había sentado en el regazo de mi esposa, pero se quitaba de encima las manos y los brazos de ella. Era evidente que se estaba resistiendo internamente, aunque externamente se conformaba. Con sus gestos estaba diciendo: "Me sentaré, pero a mi manera".

Mi esposa no aceptó ese mensaje de nuestra hija, y mediante un acto de disciplina, le hizo saber claramente que su actitud no era correcta y que era inaceptable. Después de la disciplina, la niña se tranquilizó por completo en el regazo de su madre y disfrutó de la hora del culto sin luchar ni resistir. Cuando se le hace frente en la forma correcta a este problema, el padre y la madre pueden disfrutar plenamente de la cooperación de su hijo, bien sea en la iglesia, en el propio hogar, en la tienda o en el hogar de alguna otra persona.

Cuándo no se debe disciplinar

Cuando un padre no entiende claramente los motivos por los cuales se necesita la disciplina, que son la desobediencia voluntariosa y las actitudes incorrectas, se pudiera disciplinar a los niños en forma incorrecta o injusta. Se debe tener el cuidado de evitar la disciplina incorrecta, pues puede desanimar y frustrar grandemente al niño. He aquí algunas cosas por las cuales no se debe disciplinar a los niños:

Por manifestarse tal como son—Aunque la obediencia y las actitudes correctas son la norma universal de Dios para toda vida, cada persona es distinta de las demás; es única. Ninguno de los seres humanos hechos por Dios es inferior a otro. Cada vida tiene su propia personalidad especial, sus habilidades y sus aptitudes. Y Dios tiene una manera especial de revelarse a través de toda persona. Hay que permitir al niño que descubra esa expresión especial del amor y del poder de Dios que hay dentro de él.

Los padres cometen a menudo el error de comparar a sus hijos con otros niños. Si alguno de sus hijos no logra llegar a tener la misma capacidad o característica que posee otro niño, tratan de forzarlo a que lo logre por medio de la disciplina.

En ocasiones he descubierto que no es la voluntariosa desobediencia de mis hijos, sino más bien mi propio orgullo, lo que me ha hecho reaccionar en forma incorrecta hacia ellos. Algunas veces el padre, por un orgullo egoísta, ejerce una presión indebida sobre su hijo, para poder jactarse ante los demás de sus éxitos. Los padres tienen que aprender a caminar por la fina línea que divide el estímulo a la excelencia en el desempeño, y la exigencia de una perfección que el niño simplemente no puede lograr.

Otra manera en que se puede disciplinar incorrectamente a un hijo, consiste en apremiarlo para que entre en un área de crecimiento o de madurez, para la cual aún no está listo. Algunas veces se les pide a los niños que hagan ciertas cosas para las cuales no tienen capacidad física ni mental. Si tal cosa ocurre, no debe considerarse la falta de acatamiento como una desobediencia voluntariosa, y jamás debe pensarse que sea una ocasión para un castigo. La Biblia dice: "La necedad está ligada en el corazón del muchacho; mas la vara de la corrección la alejará de él" (Proverbios 22:15). Pero una cosa es la puerilidad y otra la necedad. Esta es una actitud interna de descuido, indiferencia y falta de respeto hacia los caminos de Dios. La puerilidad es simplemente la condición normal del niño. Es ser irreflexivo, espontáneo, entusiasta e ingenuo. En eso no hay nada de malo. Pablo dice: "Cuando yo era niño, hablaba como niño, pensaba como niño, juzgaba como niño; mas cuando ya fui hombre, dejé lo que era de niño" (1 Corintios 13:11). La puerilidad sólo está mal cuando la practican los adultos. Tampoco debe esperar el padre que un niño de dos años actúe como uno de cinco, ni que uno de cinco actúe como uno de diez. No hay nada malo en el hecho de ser niño. Los padres deben disfrutar de sus hijos, tal como son en cualquier edad que tengan.

Cuando el padre está airado o impaciente—Es posible que un niño disguste o frustre a sus padres simplemente por el hecho de ser niño, y es entonces cuando éstos necesitan paciencia, y no formas de castigo. Un bebé llora porque está enfermo, porque tiene hambre o porque está mojado. Con toda su inocencia, un niño pudiera hacer algo malo, aun queriendo hacer algo bueno. Una vez una niña puso los zapatos mojados de su padre en el horno para que se secaran. Los zapatos se secaron, pero el padre no pudo volverlos a usar. Sin embargo, la intención de la niña era la de agradar y ayudar a su padre.

Algunas veces, por accidente, un niño puede dejar caer un vaso de agua o tropezar con un anaquel lleno de adornos y tirarlos al piso. Los errores, los juicios equivocados y los accidentes, son todos parte del crecimiento y del aprendizaje. Recordemos además que los mismos padres tienen también accidentes. Un padre nunca debe hacer que el hijo se sienta culpable por algo que nunca pudo controlar normalmente, o acerca de lo cual, las limitaciones de la niñez hicieron que se produjera su error o su juicio equivocado.

Cuando un niño entra a la carrera en la casa lleno de emoción y rebosante de alegría para anunciar que ha hecho algún descubrimiento o viene para avisar que tiene una rodilla herida y pelada, tal vez no se dé cuenta de que su madre está hablando con alguien por teléfono. Es incorrecto reaccionar con ira por tal interrupción y castigar al niño por su exuberancia y espontaneidad. Sería mejor, si es posible, que la madre pida disculpas, no siga su conversación en el teléfono, y aparte un momento para reconocer este don de Dios tan grande y exuberante y disfrutar de él. Al fin y al cabo, la interrupción no es sino por un momento, no es intencional, y es señal de que el hijo corre en busca de los que ama, tanto cuando tiene gozo, como cuando tiene dolor.

Olvidos involuntarios—Hay ocasiones en que los hijos olvidan inocentemente hacer algo que se les ha ordenado. Por ejemplo, a causa de la emoción que siente un niño porque va al parque con su familia a una merienda campestre, pudiera olvidarse de llevar la jarra de refresco frío que el padre le pidió que sacara de la nevera. Esta no es una desobediencia voluntariosa. La reacción del padre en estos casos debe manifestar comprensión, en lugar de irritación.

Cuando no se conoce con certeza el asunto—No se debe castigar a un hijo cuando no se sabe exactamente en qué forma ocurrió un determinado incidente. El padre no debe reaccionar con apresuramiento, sino que ha de tener el cuidado de averiguar primero todos los datos. Un niño entra en la casa llorando y diciendo que su hermano o su hermana le pegó. Sin contar con todos los datos, este incidente pudiera dar la apariencia de que el niño fue agredido intencionalmente, como resultado de la ira o del mal humor del hermano o la hermana. Sin embargo, después de un interrogatorio, el padre se da cuenta que al niño le pegó una pelota con la cual estaba jugando su hermano o su hermana, que lo golpeó accidentalmente al rebotar. Sin contar con la información correcta sobre los hechos, se podría estar castigando injustamente a un niño.

10

La disciplina (Segunda Parte)

Amor

> "Hijo mío, no te olvides de mi ley, y tu corazón guarde mis mandamientos".
>
> (Proverbios 3:1)

Ejemplo   DISCIPLINA

Enseñanza

Cómo hacer que un hijo se acostumbre a ser obediente

Es sorprendente la cercanía que hay entre la felicidad y la obediencia en un niño. Un niño feliz es también un niño obediente. Dios quiere que los niños sean obedientes, y cuando ellos se ponen en armonía con esa voluntad de Dios, el resultado es la felicidad.

Para enseñar a un hijo a ser obediente, es mejor y

más fácil comenzar tan pronto como sea posible; en cuanto al mejor momento para comenzar a disciplinarlo, es el mismo instante en que los padres comprendan que está desobedeciendo intencionalmente manifestando una actitud de rebeldía. Normalmente, tan pronto como el niño comienza a gatear o a caminar, su comprensión ya se ha desarrollado lo suficiente para manifestar actitudes que sus padres consideran como conducta inaceptable.

Para poder comenzar temprano y con eficacia este trabajo con los niños, los padres tienen que reunirse y ponerse de acuerdo sobre ciertas normas para el hogar con respecto a las maneras aceptables e inaceptables de conducirse. Las metas son: 1: conocer a Cristo y servirle; y 2: el desarrollo de una personalidad cristiana. Conocerlos les servirá de ayuda para establecer las normas del hogar. Estas también les ofrecerán la orientación necesaria para que su conducta sea aceptable.

Las normas del hogar son como la guía que se coloca junto a una planta pequeña en el jardín. Esa guía no está allí para detener el desarrollo de la planta, sino para ayudarla a llegar a la madurez y la productividad.

Las normas del hogar constituyen una base importante desde la cual se desarrolla la obediencia. Esa base le permite al niño saber dónde está, y lo ayuda a crearse una sensación de libertad y seguridad. Al niño en realidad no le importan las normas que se establezcan, pero sí necesita saber *cuáles* son. No hay grupos de normas hogareñas correctas, ni equivocadas. Esas normas son la manera en que los esposos determinan conjuntamente qué quieren para su familia. Es mejor establecer una pequeña lista de normas y apegarse a ellas, que hacer una larga lista y cumplir sólo unas cuantas.

Una de las normas que mi esposa y yo decidimos establecer en nuestro hogar antes de que naciera nuestro primer hijo, fue que la disposición de nuestros muebles seguiría siendo el mismo. No cambiaríamos de lugar los muebles para acomodar a nuestro hijo. Los libros, los muebles, los adornos; todo permanecería en su lugar.

Cuando el niño comenzó a gatear, le hicimos saber que no íbamos a arreglar de nuevo la casa simplemente porque él hubiera entrado en nuestras vidas. El sería quien tendría que aprender a acomodarse a nuestros planes, en vez de acomodarnos nosotros a los suyos. Le comunicamos esto, y le ayudó a tener un buen comienzo, al colocarlo dentro de una serie de límites en su mundo hogareño. También aprendió con rapidez a distinguir entre una conducta aceptable y una inaceptable.

La manera de comunicarle las normas del hogar a un hijo cuando es de corta edad, consiste en decirle "no" cuando está a punto de quebrantar una de esas normas. Colocarlas en un papel en alguna parte, no sirve para nada en absoluto. Tampoco ayuda dar largas explicaciones para justificarlas. La palabra "no" es la manera más eficaz y simple de hacerle saber lo que no es aceptable, ya sea en su conducta y en su disposición. La palabra "no" puede ser dicha antes de que el niño comience a caminar, y más tarde podrá ser reforzada con el castigo. Antes de que nuestro primer hijo cumpliera un año, ya se movía activamente por toda la casa. Un día se dirigió hacia la mesa donde se sirve el café; allí había algunas revistas que no le permitíamos tomar. Cuando extendió la mano para tomar las revistas, le dije: "No". Se detuvo un momento, me miró, dio la vuelta y tomó las revistas. Estaba claro que había entendido mi desaprobación; sin embargo, cuando le volví a decir que no, siguió con el afán de tomar las revistas. Por medio del castigo comprendió con rapidez el significado de la palabra "no", con respecto a las revistas.

Cuando lo llevé a la sala, volvió directamente a las revistas por segunda vez. Le dije que no otra vez. El vaciló, y luego se lanzó hacia las revistas. Otra vez lo castigué firmemente y lo volví a llevar a la sala. La tercera vez que se dirigió hacia las revistas, le volví a decir que no con firmeza. Esta vez vaciló , me miró, miró las revistas, y se marchó hacia otra parte.

A pesar de su corta edad, me estaba probando. Quería saber cuáles eran sus límites. Pero el arreglo previo entre mi esposa y yo, lo ayudó a hallar su lugar y sus límites dentro de la familia. Esta experiencia también ayudó a consolidar la autoridad de nuestra palabra y le permitió saber que cuando nosotros decíamos la palabra "no", la decíamos en serio. Pero también le permitió comprender cuáles eran las áreas de libre movimiento dentro del hogar. Llegó a comprender que era malo cruzar el límite de la conducta inaceptable. Pero podía hacer libremente muchas otras cosas sin pasar de ese límite.

Otra norma que mi esposa y yo establecimos en nuestro hogar, fue que los niños debían comer lo que se les sirviera. Por supuesto, teníamos que tener el cuidado de servirles algo razonable y asegurarnos de que no se destruyeran el apetito pizqueando antes de la comida. Aprendimos que era más fácil servirles dos veces, que recargarles el plato y esperar que se comieran todo.

Las horas de comida pudieran parecer un aspecto insignificante de la disciplina. Pero la atención a las cosas pequeñas es una ayuda para la necesidad que tiene el niño de saber qué significa terminar completamente una tarea. Jesús habló en una de sus parábolas con respecto al gran honor y a la gran recompensa de aquellos siervos fieles que hacen las cosas pequeñas que Dios les encomienda:

"Aconteció que vuelto él, después de recibir el reino, mandó llamar ante él a aquellos siervos a los cuales había dado el dinero, para saber lo que había negociado cada uno. Vino el primero, diciendo: Señor, tu mina ha ganado diez minas. El le dijo· Está bien, buen siervo; por cuanto en lo poco has sido fiel, tendrás autoridad sobre diez ciudades" (Lucas 19:15-17).

Los rasgos fuertes de la personalidad se desarrollan cuando se pone atención a las cosas pequeñas. Nosotros pensamos que el asunto de que nuestros hijos se comieran todo lo que tenían en el plato, les ayudaba a desarrollar fortaleza de carácter, al enseñarles lo importante que es terminar lo que se comienza.

A menudo, las horas de comida ofrecen una excelente oportunidad para aprender algunas lecciones valiosas, tanto para los padres como para los hijos. Una vez, a la hora de la cena, recibí una lección relacionada con la ley y la gracia. Nuestros hijos conocían la norma de nuestro hogar en cuanto a la comida y estaban aprendiendo a practicarla. Durante una comida en particular, se le hizo difícil cumplirla a uno de ellos. Noté la lucha que se estaba desarrollando, pero no sabía si se debía a que se le había servido demasiado, a que no se sentía bien, o simplemente a su capricho. Todos los que estaban en la mesa conocían la norma; sin embargo, yo no sabía si era necesario el castigo. Me quedé sentado pensando en mi dilema un rato. Finalmente, hice lo único que supe. Les recordé a los niños que según nuestra norma, el alimento que estaba en los platos debía ser consumido. Así que, para cumplir el reglamento, tomé la porción restante de alimento y me la comí. Se cumplió la norma, y el niño se sintió aliviado.

Este incidente, aunque sólo se repitió una vez más en nuestra familia, me reveló algo nuevo con respecto al sacrificio de Cristo en la cruz. Comprendí que cuando El murió cargando con mis pecados, estaba satisfaciendo las demandas de la ley de Dios. Tomó mi lugar y llevó sobre sí mi pecado para que yo quedara libre. En la cruz estaban la ley y la gracia en acción. Uno de los gozos más grandes de la paternidad, consiste en descubrir el amor de Dios, y las oportunidades que ofrece para poner en obras nuestro amor hacia los hijos.

La mesa del comedor también puede constituirse en un valioso lugar de instrucción para los hijos en otros aspectos importantes de la personalidad. Uno de estos aspectos es el del agradecimiento. Un gran pecado que cometió el pueblo de Israel, según la Biblia, fue el de murmurar y quejarse constantemente. La mayoría de las veces, esas quejas estuvieron relacionadas con el alimento y el agua. Dios los castigó fuertemente por su desagradecido corazón, y nos advierte que no debemos seguir su ejemplo. El Nuevo Testamento dice: "Haced todo sin murmuraciones y contiendas, para que seáis irreprensibles y sencillos, hijos de Dios sin mancha en medio de una generación maligna y perversa, en medio de la cual resplandecéis como luminares en el mundo" (Filipenses 2:14, 15).

Al niño no tiene que gustarle todo lo que se le da de comer. Pero como miembro de la familia, debe aprender a comer lo mismo que los demás. La madre no tiene por qué preparar una comida distinta para cada miembro de la familia. El niño necesita aprender a apreciar los gustos y las preferencias de los demás. Complacer los gustos y los deseos especiales de cada hijo en las comidas no sólo crea una actitud exigente y melindrosa hacia los alimentos, sino que los estimula a esperar un trato especial en otros aspectos de la vida.

El culto de la iglesia es otra ocasión para una disciplina que contribuya al desarrollo de su personalidad cristiana. La adoración en compañía de otros creyentes ofrece un ambiente perfecto para reforzar las lecciones que el hijo aprende en el hogar.

Cuando comencé a llevar a nuestros hijos aún pequeños a la iglesia, siempre había algún ujier dominado por el pánico que fuera corriendo a la banca donde estábamos sentados para hacer que saliéramos del puesto para dirigirnos hacia el departamento de cunas, donde los niños podrían llorar a gusto.

"No, gracias", le decía yo. "Preferimos tener a nuestros hijos con nosotros dentro de la iglesia".

Yo quería que nuestros hijos se adaptaran a nuestra vida y a nuestro compromiso cristiano. La iglesia era un lugar al cual asistíamos semanalmente; y ellos necesitaban aprender a actuar de una manera aceptable en ese ambiente. No debían considerar el tiempo que se pasaba en la iglesia como otra oportunidad más para poder jugar. El culto debía llegar a ser para ellos un tiempo de quietud, reverencia y respeto. Descubrimos que el niño *puede* aprender a sentarse quieto, aunque sea durante una hora, si los padres deciden que ésa es la posición correcta. Los niños no tienen por qué estar libres para andar de acá para allá por los pasillos, jugando con los himnarios, o cargando consigo una provisión de juguetes para entretenerse y estar quietos y felices. Cada vez que nuestros hijos comenzaban a inquietarse en la iglesia, les recordábamos que esa conducta era inaceptable. Si continuaban, los sacábamos, los castigábamos y volvíamos a nuestro puesto. Descubrimos el simple principio de que, si hay que sacar a un niño de la iglesia por su desobediencia, porque está inquieto, o porque se ha puesto a alborotar, los padres tienen que hacer que eso sea algo desagradable para el niño. Si se saca al muchacho inquieto, y luego se le permite ponerse a jugar, sin castigarlo, simplemente se está reforzando su mala conducta. La próxima vez, el niño volverá a ponerse rebelde en la iglesia, sólo para que lo lleven a un lugar mejor. El principio consiste en hacerlo sentirse tan mal fuera de la iglesia que quiera regresar para sentarse respetuosamente.

Después de que se establecen las normas de conducta, es importante que se les dé a entender la palabra "no" expresada con una voz firme pero normal. Recordemos que por más que se establezcan buenas normas, si los niños no atienden a lo que se les dice, el problema sigue en pie. La palabra "no", es la forma en que el padre comienza a comunicarles a los hijos las normas del hogar. Es la única palabra que les indica cuál conducta no es aceptable. Sin embargo, los niños deben obedecer toda palabra que les digan los padres a manera de instrucción o mandato, como: "Ven acá" o "Siéntate tranquilo".

Al educar a los niños en la obediencia, hay normas establecidos por los padres, que siempre permanecerán iguales. Por ejemplo, es posible que quieran establecer una norma para el hogar que diga: "No saltar sobre los muebles". Esta es una regla fija que permanecerá año tras año. Pero hay ocasiones en que el niño pedirá algo, por ejemplo: "Mami, ¿puedo comerme una galleta?" Algunas veces, la madre le dirá que sí; otras veces le dirá que no, pero de esta manera, el niño aprenderá a obedecer lo que se le dice.

El niño debe aprender a obedecer la primera vez que uno de sus padres le diga que haga algo, y esto sólo puede suceder si sabe que se le está hablando en serio.

Un día, una madre llamó a su hijo, que estaba jugando en el patio con el hijo de un vecino. "Ya es hora de almorzar. Ven a comer, Juanito", le dijo. Juanito no le hizo caso, y siguió jugando. Varios minutos después, la madre lo volvió a llamar: "Juanito, ¿no me oíste? Te dije que vinieras a almorzar". Juanito siguió sin hacer caso. Después de la tercera llamada, su amiguito le dijo: "Oye, ¿no vas a entrar a comer?" Juanito le respondió: "No, mi mamá no habla en serio hasta que me dice: '¡Juanito González, ven acá!' "

Si un hijo te pregunta: "¿Puedo ir a jugar a casa de Juanito?" y tú le dices que no, pero cinco o diez minutos después vuelve a hacerte la misma petición, su conducta indica que no ha tomado tu palabra como definitiva, y es probable que siga haciéndote la petición una y otra vez, con la esperanza de que a la quinta le digas que sí. Enseña a tus hijos a aceptar el "no" por respuesta desde la *primera* vez que hagan la petición. Para aclarar su respuesta, el padre pudiera decir: "No, no vas hoy a jugar a casa de Juanito". Con esto queda establecido que no hay necesidad de hacer esa petición por segunda vez en todo el día. Otra manera de aclarar la respuesta podría ser como lo que sigue: "Mami, ¿podemos ver telvisión?" "Ahora no, hijos, yo les diré cuándo, así que no tienen que volvérmelo a pedir. Yo se lo diré cuando llegue el momento". Con esto queda fuera de lugar que se pongan a repetir lo mismo cada cinco minutos.

Un día estaba yo en el departamento de joyería de una tienda, de pie junto a una dama. Su hijo estaba sentado sobre el mostrador, cerca de un estante giratorio de exhibición. Comenzó a hacerlo girar mientras la madre miraba algunas prendas. La madre lo vio jugando y le dijo: "Deja eso".

El niño continuó dándole vueltas al estante.

"Deja eso, te dije".

El muchacho siguió el juego.

"No te voy a dar caramelos", le dijo la madre.

El muchacho continuó dándole vueltas al aparato.

Durante cinco minutos, la madre estuvo observando al hijo, amenazándolo y tratando de concentrarse en las prendas que estaba examinando. No puso en práctica ninguna de las amenazas que le hizo al hijo desobediente. El muchacho ganó la competencia, y ella salió disgustada y frustrada.

La palabra "no", debe expresar firmeza y dominio. Con demasiada frecuencia se les pide a los hijos que respondan a una reacción emocional de uno de sus padres, en vez de responder a una orden. Los padres, al sentirse frustrados, reaccionan con ira hacia sus hijos. Los castigan sólo cuando han montado en cólera. Sólo cuando sus emociones se hallan fuera de control, pueden lograr que sus hijos les obedezcan. Es una curiosa contradicción de la que cualquier niño puede darse cuenta, que los padres esperen controlarlo a él cuando ellos mismos no pueden controlarse.

La Biblia habla con gran sabiduría cuando dice que nuestro "sí" sea "sí", y nuestro "no" sea "no" (véase Mateo 5:37). Mucho de lo que les dicen los padres a los hijos no pasa de ser "palabras vanas"; es decir, se hacen advertencias, pero no se pasa a la acción. No hay verdadero significado en las palabras, así que el hijo no les pone atención. Si el padre tiene que decir "no" diez veces antes de pasar a la acción, el niño aprende a obedecer a la décima vez. El "no" de un padre debe significar "no" desde la primera vez. Si no se castiga al niño hasta que el padre está disgustado, el niño aprende a obedecer sólo cuando el padre se disgusta. Si el padre se disgusta y se siente frustrado, pero no hace nada, el hijo aprende a no obedecer nunca.

Otro error que los padres cometen es el de tratar de razonar con sus hijos, en vez de hacer que obedezcan lo que se les dice. Cuando un padre trata de razonar con su hijo, generalmente es él quien termina perdiendo. El niño no necesita ser persuadido por medio de la razón. La lógica de los argumentos del padre, a menudo no hace más que frustrar tanto al padre como al hijo. El niño quiere actuar según su propio capricho. No le preocupa que las cosas que haga sean razonables o no.

Una vez un padre quiso que sus hijos jugaran en otra parte que no fuera la sala familiar. Si jugaban allí interrumpían la conversación de los adultos. En vez de decirles sin más que se fueran a jugar a otra parte de la casa, entró en una serie de razonamientos.

—¿No les parecería mejor irse a jugar a otra parte? —les dijo.

—Queremos jugar aquí —respondieron los niños.

—Pero piensen en lo mucho que se divertirían si juegan en el cuarto de atrás, donde tienen los juguetes más grandes —insistió el padre.

—Pero aquí nos estamos divirtiendo —respondieron los niños.

El diálogo continuó durante varios minutos. Finalmente, frustrado, el padre acudió a lo único que sabía que podía lograr el resultado anhelado: el soborno.

—Bueno, niños, vayan a jugar al cuarto de atrás, y a cada uno le daré un helado bien grande.

Tales sesiones de razonamiento terminan frecuentemente con un soborno de esta clase. El soborno no sólo es una conducta vergonzosa para el adulto, sino que destruye la personalidad del niño. Si un niño aprende a hacer lo que el padre le dice, sólo por lo que pueda obtener, pronto asumirá hacia otros asuntos más serios, una actitud que se podría expresar con la pregunta: "¿Qué provecho le sacaré a esto?"

Jesús dijo que los mayores en medio de los suyos, deberían ser aquellos que habían llegado a ser siervos de todos. El siervo no está motivado por el interés propio, sino por un gran interés en los demás. La más alta motivación que puede tener un niño, es el deseo de agradar y honrar a sus padres. La educación en la obediencia está vinculada con el servicio a Dios de su vida. Cuando a un niño se le desarrolla un corazón dispuesto a servir, es feliz cuando ve que otros reciben su ayuda. La verdadera felicidad continúa presente en su vida, cuando el niño comienza a tratar de agradar al Señor, sirviendo a aquellas personas que El pone en contacto con su vida.

Cortar lo malo cuando aún está en germen

Un antiguo jardinero amigo mío me dio un buen consejo: lo malo hay que cortarlo cuando aún está en germen. Es sencillo arrancar una planta que sólo tiene unas pocas raíces. Pero si uno espera hasta que sea un árbol grande, será una gran tarea derribarlo. Se puede hacer, pero es necesario utilizar maquinaria costosa. Así que, cuando vea que en su hijo se están comenzando a desarrollar acciones que sabe que son malas o peligrosas—ya sea cierta indiferencia hacia lo que se le dice, o algo negativo en su actitud—, es mejor hacerles frente a las situaciones de inmediato. Los problemas no desaparecen porque se los pase por alto. No permita que los problemas crezcan, con la esperanza de que desaparezcan. No piense que quizá algún día, cuando no tenga jaqueca, o cuando tenga menos cosas entre manos, podrá hacerles frente. Cuanto más espere, tanto más crecerá el problema, y tanto más costosa será su solución, y más tiempo consumirá.

La manera más efectiva de cortar los problemas cuando están en germen, consiste en ser constante. Hay que ser firme en la aplicación de las normas del hogar, y firme en exigir obediencia cuando se dan órdenes. Hay que ser firme en hacer cumplir normas.

La variación de normas, por cualquier razón, crea confusión en los niños. Si la palabra "no" significa "no" hoy, mañana también debe significar "no" en cualquier asunto al que se aplique. Los niños en realidad necesitan y quieren constancia por parte de sus padres para poder mantener el orden en su vida. Algunas veces la inconstancia brota de la pereza de los padres o de la desobediencia a la Palabra de Dios, cuando parece demasiado complicado hacer lo que exige, y por tanto se deja que las cosas sucedan. Los padres tienen que atenerse a las normas que establecen y a lo que les piden a sus hijos. Cada vez que ocurre una violación a las normas del hogar o una desobediencia voluntaria, los padres tienen que aplicar la disciplina en todo su rigor.

Pero, ¿cómo sabe el padre o la madre cuándo se ha logrado la obediencia a base de aplicar constantemente la disciplina? Cuando los hijos hacen lo que se les ordena, con una actitud de cooperación.

¿Qué es la disciplina?

Cuando llega el momento de reforzar la enseñanza por medio de la disciplina, la Biblia enseña cuál es la forma que debe emplearse. En Proverbios 29:15, leemos: "La vara y la corrección dan sabiduría; mas el muchacho consentido avergonzará a su madre". En Proverbios 22:15, dice la Biblia: "La necedad está ligada en el corazón del muchacho; mas la vara de la corrección la alejará de él".

El sistema de disciplina de Dios consiste en que los padres castiguen a los hijos con una vara. Esta es la manera más amorosa y constructiva de disciplina que existe. Métodos como colocar al niño en un rincón durante una hora, dejarlo sin cena, gritarle, reprenderlo severamente, aplicarle diversos nombres despectivos, son todos deficientes en comparación con el método de disciplina de Dios. Castigar a los hijos con una vara, si esta acción brota del amor y de la preocupación de que los hijos reciban lo mejor, es algo recto y bueno. Este tipo de disciplina procede del padre que, por la fe que tiene en su corazón, obedece a Dios.

El castigo debe ser hecho con amor y control; no con ira egoísta o con enojo. Castigar a un hijo con amor, no es abusar de él. Los abusos con los hijos, son resultado de la frustración, e indican que el padre simplemente perdió el control; son síntomas que indican la existencia de un problema más profundo en el mismo padre que aplica el castigo. Generalmente surge del poco amor de un padre o una madre que golpea a su hijo encolerizado por alguna frustración personal. Como el padre, cuando castiga, se halla fuera de sí, los hijos también lo están, y es entonces cuando la frustración se complica. El castigo debe ser un acto de amor, no de violencia, ni de ira, ni de enojo. Debe comunicarle al hijo, tanto del desagrado del padre como su preocupación y amor hacia el que lo reciba. La aplicación de la vara no es una manifestación de severidad paternal ni de castigo destructivo. Es más bien una manifestación de un amor paternal que prefiere hacerles frente a los asuntos que Dios indica que hay que afrontar, para producir frutos apacibles de justicia en las vidas de los hijos.

La aplicación amorosa de la vara en las posaderas del niño (que fue el lugar que Dios dispuso para este tipo de castigo) crea una clase saludable y correcta de temor en el niño. Así aprende a tener temor a hacer algo malo, en vez de temerles a sus padres. Cuando los padres reaccionan ante ellos con arranques de ira, o con palabras crueles, o abusan físicamente de ellos, los hijos aprenden a temer más a sus padres que a lo malo que han hecho. En cambio, la clase correcta de temor abre el corazón del niño para que reciba la verdadera instrucción de la sabiduría, y ayuda a afirmar en él el temor del Señor. "El principio de la sabiduría es el temor de Jehová" (Salmo 111:10). "El temor de Jehová es aborrecer el mal" (Proverbios 8:13). El verdadero temor del Señor no crea en el corazón el deseo de apartarse de El, sino del mal. El temor del Señor es el resultado de su amor hacia nosotros y de nuestro amor hacia El. Como lo amamos, queremos guardarnos de hacer todo aquello que lo desagrade. Como El nos ama, desea apartarnos de todo aquello que nos hiera.

Andrew Murray, en su libro *The Children for Christ* (Los niños para Cristo), dice:

> "Una de las causas de la debilidad paterna, es esa debilidad bonachona, mal llamada bondad, que no es capaz de reprender, contrariar o castigar a un hijo. Esta no es otra cosa que una forma de holgazanería, una actitud que se niega a asumir responsabilidades ante Dios o ante el hijo. Los padres no comprenden que indirectamente están escogiendo el dolor mayor de ver a sus hijos crecer sin restricciones. Ninguna gracia de la vida cristiana se obtiene sin sacrificio; esta gracia tan alta de influir en otras almas y formarlas para Dios, necesita una abnegación especial. Como toda obra difícil, necesita propósito, atención y perseverancia".

La razón por la cual el castigo con vara es el método más amoroso de disciplina, está en que es el más efectivo para hacerle frente al problema de la desobediencia y las actitudes incorrectas. Dios, en su amorosa sabiduría, les ordena a los padres que castiguen a sus hijos con una vara. Es el método más tranquilo y seguro para guiar a nuestros hijos hacia la obediencia y a la felicidad.

Las otras formas de castigo, a diferencia de la disciplina aplicada con vara, le quita al hijo algún privilegio o recompensa (como un poco de dinero, un viaje, o un bocado), pero en realidad no les hace frente a los asuntos del corazón, y a menudo crea amargura y resentimiento en el hijo. No hay nada malo en que éste reciba recompensas por sus éxitos, pero no deben convertirse en el medio ordinario con el cual los padres les hagan frente a la desobediencia voluntaria o a las actitudes incorrectas de sus hijos.

La severidad, a diferencia del castigo con vara, crea dureza y rigidez en el hogar, lo cual da como resultado cierta esclavitud y sentido de condena para el hijo, que destruyen su alegría interior.

Ni gritarle al hijo, ni aplicarle despectivos, son métodos amorosos de disciplina, por cuanto sólo abruman el espíritu del niño y no lo impulsan a mejorar, ni a lograr las cosas emocionantes que Dios tiene para él.

Los ataques a la identidad del niño, menospreciándolo o humillándolo, hacen que éste pierda la estimación de sí mismo. Si se le dice: "Tú no sirves para nada", o "¡Malcriado!" o "Eres imposible", eso le crea sentimientos de inferioridad, además de hacerlo sentirse inútil y desanimado.

En lugar de estas cosas, es importante hacerle frente directamente a la desobediencia, diciéndole: "Eso es desobediencia", o "Te estás compadeciendo de ti mismo", o "Mentiste, y mentir es pecado". Hay una gran diferencia entre hacer frente al asunto del pecado y atacar la personalidad. Algunas personas llegan a la vida adulta con grandes resentimientos o con un sentido de culpa y condenación, porque nunca fueron castigadas amorosamente con una vara cuando tenían poca edad.

La vara de disciplina es una varilla flexible, una rama de árbol. Es el instrumento más efectivo para golpear, porque produce gran dolor sin lesionar. No es crueldad producirle dolor en las sentaderas a un hijo; el dolor mismo en este caso puede tener su propósito. Si el castigo con vara no produjera dolor, no habría razón para administrarlo. El propósito es que sea doloroso (aunque no debe ser físicamente dañino), a fin de desanimar toda mala conducta.

"Porque el Señor al que ama, disciplina, y azota a todo el que recibe por hijo . . . Es verdad que ninguna disciplina al presente parece ser causa de gozo, sino de tristeza; pero después da fruto apacible de justicia a los que en ella han sido ejercitados . . . Mirad bien, no sea que alguno deje de alcanzar la gracia de Dios; que brotando alguna raíz de amargura, os estorbe, y por ella muchos sean contaminados" (Hebreos 12:6, 11, 15).

Una palmada fuerte no es castigo, ni tampoco lo son dos o tres en lugar de una. En Proverbios 23:13, 14 leemos: "No rehúses corregir al muchacho; porque si lo castigas con vara, no morirá. Lo castigarás con vara, y librarás su alma del Seol". En su libro *La familia cristiana*, Larry Christenson dice que la aplicación de disciplina es todo un suceso. Y así debe ser. Cuando un hijo desobedece voluntariamente, o manifiesta una actitud incorrecta, ése es el momento de castigarlo, y con la "vara". Las tablas, las cucharas, los cinturones y otras cosas, pueden hacer más daño físico y causan menos dolor, aunque hagan mucho ruido cuando se utilizan. Alguien me dijo recientemente que había estado empleando raquetas de ping-pong y cinturones suaves para castigar y que en realidad no estaba obteniendo los resultados de obediencia deseados en los hijos; cuando comenzó a usar una varilla de un árbol, los resultados se produjeron con rapidez y hubo un cambio de actitud casi de la noche a la mañana. Castigar con la mano no es bueno tampoco. La vara es un objeto impersonal, y no le causará lesiones físicas serias ni al padre ni al hijo.

Hace poco, una madre me dijo que ella había sostenido una lucha interna para resolver si debía castigar a sus hijos cuando éstos se portaban mal, o si debía razonar con ellos. Un día, estaba lavando los platos cuando sintió que Dios le hablaba. Le vino el pensamiento de que, si Dios ya le había dicho en su Palabra que castigara a sus hijos, ¿por qué seguía luchando sobre el particular? En ese momento, decía que el asunto del castigo había quedado permanentemente resuelto. Hoy sus hijos son felices y obedientes, y la armonía de su familia da testimonio de lo sana que fue su decisión de obedecer a Dios.

La aplicación del castigo deben hacerla ambos padres. La madre necesita castigar a sus hijos cuando está con ellos; no debe esperar hasta que llegue el marido a la casa. Los hijos deben obedecer a sus padres. Permítaseme repetir el contenido de Colosenses 3:20: "Hijos, obedeced a vuestros padres en todo, porque esto agrada al Señor". El castigo debe ser aplicado inmediatamente después de que el hijo ha sido voluntariamente desobediente, o ha manifestado una actitud incorrecta. Si se aplica muchas horas después, los niños pequeños no recordarán por qué están siendo castigados. Además, es cruel dejar que el niño se preocupe durante horas, en espera del momento en que ha de recibir la disciplina. Por último, el castigo a tiempo desanima rápidamente en los niños la repetición de los actos de desobediencia. En Eclesiastés 8:11 tenemos la siguiente advertencia: "Por cuanto no se ejecuta luego sentencia sobre la mala obra, el corazón de los hijos de los hombres está en ellos dispuesto para hacer el mal".

Es mejor que los padres no castiguen a sus hijos en presencia de otras personas. Este asunto debe ser resuelto en privado entre el padre y el hijo. Pudiera causarle al hijo una vergüenza que lo lleve al resentimiento. Hay que mantener el asunto en privado. Lleve al niño a una habitación apartada de las demás y cierre la puerta. Si el niño se ha portado mal en un sitio público, llévelo al auto, o al cuarto de baño más cercano, para aplicarle la disciplina necesaria.

Una sugerencia que puede ser útil para obtener los

mejores resultados cuando se aplica el castigo, es que el niño esté en una buena postura para recibir el azote. Esto puede hacerse de dos maneras. Cuando el niño es pequeño, puede recostarse boca abajo sobre las piernas del padre que lo va a castigar. Cuando ya es mayor, lo mejor es que es recueste boca abajo sobre una cama o una silla, para que el padre quede en libertad de administrarle los azotes con más eficacia. Generalmente cuando un niño grande se coloca sobre las piernas del padre, éste no queda con suficiente libertad de movimiento para administrarle un castigo que lo lleve al arrepentimiento.

Es importante que cuando se castiga a un niño se haga contacto directo con sus sentaderas. Cuando se golpea sobre el pañal o sobre pantalones gruesos, no se producen los resultados deseados. En vez de ello, el niño sólo se siente airado y frustrado. Los padres tienen que entender el propósito del castigo: lo que se busca es que el niño sienta dolor, a fin de que se sienta arrepentido. Ese es el modo en que Dios trata los problemas del corazón en el niño. "La necedad está ligada en el corazón del muchacho; mas la vara de la corrección la alejará de él" (Proverbios 22:15). Es importante llevar al hijo al punto del arrepentimiento. Y arrepentimiento (*metanoia* en griego) significa volverse, dar media vuelta y marchar en la dirección opuesta. Cuando ha ocurrido una desobediencia, el niño necesita "dar la vuelta" en su conducta y su actitud.

Un castigo es una llamada de atención a lo malo que se ha hecho, pero no una condena para el niño. En efecto, es un gran método para fomentar el sentido del propio valor que tiene el niño, porque demuestra el amor del padre y su deseo de librarlo del mal. Negarle un privilegio, o enviarlo a su cuarto, permite que la actitud de desobediencia permanezca en el corazón del hijo y lo emponzoñe. Castigos como el confinamiento producen remordimiento, pero no arrepentimiento. El niño se lamentará por haber sido atrapado en su mala acción, pero no por lo que ha hecho. Recordemos que arrepentirse significa regresar, cambiar de dirección en un ángulo de 180 grados.

Los azotes se deben aplicar durante suficiente tiempo y con la fuerza necesaria para lograr el arrepentimiento. "Castiga a tu hijo en tanto que hay esperanza; mas no se apresure tu alma para destruirlo" (Proverbios 19:18). El castigo con vara no debe cesar hasta que el padre que está aplicándolo sienta, por el llanto del hijo, que se ha producido el arrepentimiento. Los primeros azotes, por lo general producen gemidos de ira o de enojo. En efecto, es como si el niño dijera: "¡Cómo te atreves a castigarme!" Si se detiene el castigo en ese punto, no se ha logrado nada. Hay que ir más allá de los primeros azotes y continuar hasta que el llanto se transforme y suene como si estuviera diciendo: "Siento haberlo hecho". Un padre puede discernir cuándo se ha ido la actitud rebelde del hijo. Otra manera de saber si hay verdadero arrepentimiento, es la intención del muchacho, después de recibir el castigo, de hacer bien cualquier cosa que haya hecho mal antes; esto, en caso de que sea posible hacerlo. Es lo que se llama restitución. En Mateo 3:8 leemos: "Haced, pues, frutos dignos de arrepentimiento". Si un hijo se portó de un modo poco amable con su hermano o con su hermana, debe confesarlo diciéndole: "Lo siento". Si hubo desobediencia, el niño debe hacer lo que se le dijo que hiciera. Si se niega a pedir disculpas, o a hacer lo que se le dijo que hiciera, o si continúa con una actitud de resentimiento, entonces no ha llegado hasta el punto del arrepentimiento.

Una vez, mi esposa estaba castigando a nuestro hijo por un asunto de desobediencia. En su apresuramiento por cumplir el castigo, hizo que se recostara y le dio los azotes con el pantalón de mezclilla. El gimió unas cuantas veces, pero luego se volvió hacia mi esposa y le dijo: "Mami, es mejor que me castigues otra vez, y que me permitas quitarme el pantalón de mezclilla. No me dolió lo suficiente".

Por medio de esa experiencia, nuestro hijo nos confirmó que necesitaba ser castigado de tal modo que le doliera, a fin de que se le produjera el alivio interior que trae el arrepentimiento. La Biblia les advierte a los padres que no deben provocar a ira a sus hijos (véase Efesios 6:4). Una de las maneras seguras de provocar la ira del hijo, consiste en no castigarlo completamente hasta el punto de producirle el arrepentimiento. Si los azotes son sólo unos pocos, generalmente dejan al niño disgustado y frustrado.

En su obra *La familia cristiana*, Larry Christenson dice:

> Muchos padres cometen el error de no llevar a la práctica una paliza de verdad. Pensamos de la advertencia bíblica: 'No provoquéis a ira a vuestros hijos', y nos abstenemos. ¿Pero qué es lo que provoca a ira a un hijo? Es la disciplina que simplemente irrita, la disciplina insignificante, indecisa, sin ánimo. Si castiga a su hijo sólo lo suficiente para hacerlo airarse y ponerse rebelde, entonces no ha ejecutado una disciplina completa y escritural. Una paliza debe ir más allá del punto de la ira. Debe evocar un sano temor en el niño. Cuando un sano temor de la autoridad y disciplina de su padre ocupa la mente del niño, no habrá lugar para la ira. De nuevo, esto no es otra cosa sino un reflejo preciso de la manera en que Dios mismo trata con nosotros, sus hijos. '¡Horrenda cosa es caer en manos del Dios vivo!' (Hebreos 10:31).
>
> Davicito estaba metiéndose entre las piernas de la mamá mientras ella planchaba.
>
> —Andate, —dijo ella—, la mamá está ocupada.

Pocos minutos después él estaba de nuevo entre los pies de ella. Esta vez ella acompañó sus palabras con una palmada en el trasero. David huyó, pero pocos minutos más tarde estaba de nuevo bajo sus pies, lloriqueando y lamentándose.

—¡David! ¡La mamá está ocupada! ¡Ahora ándate!

Dos palmadas.

Tres minutos más tarde se repitió la escena.

El abuelo que estaba por allí cerca, observándolo todo, finalmente habló y dijo: —Sandra, una paliza es un *acontecimiento*. ¡Tú simplemente estás abusando de ese niño!

Sandra cogió la idea. La próxima vez que volvió David, ella lo tomó de la mano, lo llevó al dormitorio, y allí tuviera un 'acontecimiento'. Eso terminó la cosa. No hubo más lloriqueos ni lamentos; no más llamadas de atención, ni reproches, ni palmaditas. Una paliza, bien administrada, hará que sean innecesarias horas de reproches, gritos, discusiones y amenazas.

Los padres nunca tendrán una idea clara en cuanto a la disciplina de sus hijos si antes no aceptan la vara como el medio designado por Dios para la disciplina. Es la elección de su sabiduría y de su amor paternal. Cuando un padre advierte que está evadiendo la responsabilidad que Dios le da en este punto, esquivándola a causa de sus propios sentimientos o razonamientos, debe colocar la Palabra de Dios por sobre sus propios sentimientos y razón: "No rehúses corregir al muchacho; porque si lo castigas con vara, no morirá. Lo castigarás con vara, y librarás su alma del Seol" (Proverbios 23:13, 14).

Piense. Un día debemos presentarnos ante el trono de juicio de Cristo (2 Corintios 5:10), y responder por la forma en que hemos criado a nuestros hijos.

—¿Qué hiciste con los hijos que confié a tu cuidado? ¿Los criaste de acuerdo a mi Palabra?

Dios ha ligado a la disciplina de la vara algunos de los eventos de mayor importancia—involucrando aun la salvación eterna del niño.

El ser padre es una solemne responsabilidad. Es por eso que Dios ha provisto instrucciones claras para ayudarnos a cumplir sus propósitos. Solamente los necios abandonarían la seguridad de esta 'arca' que Dios ha provisto y seguirían en cambio las prescripciones de un mundo enfermo y agonizante. Y sin embargo eso es precisamente lo que han hecho dos generaciones de padres. Han abandonado la sabiduría de la Biblia, clara y probada por el tiempo, y han confiado el destino de sus hijos a un golpe impulsivo de opinión. La apariencia exterior de sofisticación intelectual en la así llamada 'filosofía moderna de la crianza de niños' (también durante los tiempos bíblicos se conocía, pero era despreciada como la senda de los necios) ha engañado a muchos padres, pero no ha engañado ni un poco a los niños. Ellos pronto se han dado cuenta, y han estado andando en círculos alrededor de sus confundidos padres.

Otro resultado maravilloso que produce el uso de la vara, es que con ello se termina la hostilidad del niño. Un libro que conozco muy bien, ofrece un clásico ejemplo sobre cómo no terminar la hostilidad. Por ser desobediente, una madre envió a su hijo a su habitación. Mientras estaba allí, el muchacho sintió brotar en su interior el resentimiento y el odio hacia la madre por haberlo enviado allí. Buscó un lápiz y un papel y comenzó a dibujar cuadros desagradables sobre su madre, que representaban los diferentes modos en que podía rebelársele. Sin embargo, cuando la madre descubrió lo que su hijo estaba haciendo, sólo lo tomó como un chiste.

El azote con vara termina la hostilidad en el hijo, porque acaba de inmediato con el problema que hay en el corazón, y no extiende el castigo demasiado tiempo. Cuando se cumple el castigo, termina el asunto. El niño puede retirarse del castigo con una sensación de libertad y alivio.

En nuestro hogar, nuestro hijo tiene la responsabilidad de cuidar a los animales (un perro y dos gatos). Tiene a su cargo (cuando está en casa) el entrenamiento del perro. Un día, el animal excavó un hueco por debajo de la cerca. Habíamos estado enseñándole que no hiciera eso. En esta ocasión en particular, Joey estaba en casa, así que tenía la responsabilidad de corregirlo, lo cual siempre hacía de manera firme y amable. Poco después de la corrección, mi esposa fue al patio de atrás y comenzó a regañar al perro por lo que había hecho. Fue entonces cuando nuestro hijo le habló: "Mamá, ya lo corregí. Todo ha terminado. Así que no lo regañes ahora. Tú no haces así con nosotros". Mi esposa comprendió que nuestro hijo había llegado a la comprensión de que tan pronto como se ha hecho frente a un asunto en la forma correcta, debe ser olvidado y considerado como algo del pasado.

Si ha sido necesario castigar al niño varias veces, puede haber marcas de vara en las posaderas del niño. Cuando nuestro primer hijo estaba pequeño, un día necesitó ser castigado varias veces, y mi esposa se sintió avergonzada de que alguien lo supiera. Temía que pensaran que ella era cruel. Más tarde, ese mismo día, fuimos a la casa de una amiga suya, que vio las marcas de vara en las posaderas del niño. Cuando mi esposa admitió que se sentía avergonzada por ello, su amiga le contestó: "Es mejor que tenga las marcas ahora, ya que desaparecerán rápidamente. Pero si no se le hace frente a su desobediencia, ésta permanecerá con él durante toda la vida". Eran precisamente las palabras que mi esposa necesitaba oir en ese momento. "Los azotes que hieren son medicina para el malo, y el castigo purifica el corazón" (Proverbios 20:30). "Corrige a tu hijo, y te dará descanso, y dará alegría a tu alma" (Proverbios 29:17). Nuestro hijo ha sido una verdadera bendición para nosotros y nos ha traído continuo gozo, pues lo hemos visto responder muy tiernamente al Señor, y manifestar los frutos del Espíritu en nuestro hogar.

Puede haber ocasiones en que el hijo luche contra

los azotes y no se rinda a la vara. A esto hay que hacerle frente como un asunto completamente aparte. Supongamos que un hijo desobedece, y luego lucha contra el castigo que merece. Debe ser castigado por la primera desobediencia, y también por haber luchado contra el castigo.

> La reconvención es molesta al que deja el camino; y el que aborrece la corrección morirá. El Seol y el Abadón están delante de Jehová; ¡Cuánto más los corazones de los hombres! El escarnecedor no ama al que le reprende, ni se junta con los sabios (Proverbios 15:10-12).

Los hijos pueden entrar en un período en que se rebelen tercamente contra los castigos. Incluso pueden agarrarse a la vara y negarse a soltarle, o ponerse a saltar y agitarse para que no lo toque. Esta actitud también hay que castigarla por separado. Debe explicársele al hijo que luchar contra el castigo es rebelión, y que debe aprender a recibir los azotes con buena voluntad. Nuestra hija pasó por un período en que se resistía al castigo en la forma descrita. Luego de disciplinarla varias veces por su resistencia, su actitud cambió rápidamente. Hemos visto la sabiduría de Dios obrando con eficacia en su vida. Cuando le llegó la edad escolar, año tras año, sus maestras nos decían que era una gran alegría tenerla en clase, porque siempre estaba feliz y satisfecha. Una maestra nos hizo este comentario: "Está feliz en cualquier parte porque lleva la felicidad por dentro".

El castigo libera al muchacho de estar buscando salirse con su capricho, y de ser dominado por su mal humor y sus emociones. Los niños que son consentidos por el amor natural, se vuelven desobedientes, holgazanes, avaros, desagradecidos y esclavos de su propio capricho. El mayor enemigo del niño malcriado es él mismo. Dondequiera que va, lleva su descontento y su infelicidad. "La vara y la corrección dan sabiduría; mas el muchacho consentido avergonzará a su madre" (Proverbios 29:15).

Si permite que su hijo actúe según su propio capricho cuando se le ha dado una orden, o si le permite ponerse de mal humor y quejarse porque no quiere obedecer, no sólo el niño se hará a sí mismo un desdichado, sino que hará desdichada a la familia entera. La actitud y la conducta de un hijo que no coopera, si no se corrige, les acarrearán mucha vergüenza a sus padres, tanto en el hogar, como en público. Los padres que permiten que un hijo suyo actúe según su propio capricho, se están buscando mucho dolor y pesadumbre.

Tenemos una amiga que era maestra en un jardín de infancia. Ella nos cuenta lo interesante que es cada año, ver a los muchachos entrando a clase la primera semana de actividades en la escuela. En este corto período de tiempo, veía cómo la mayoría de ellos estaban acostumbrados a actuar de acuerdo con su propio capricho. Cada uno tenía sus propias pequeñas técnicas para lograrlo. Uno lloraba y se ponía muy triste; otra movía las pestañas; otro se manifestaba excéntrico; otra se ponía nerviosa y protestaba. Puesto que estas técnicas habían sido tan útiles en el hogar, pensaban que serían muy eficaces con la maestra. El padre en especial debe cuidarse de no permitir que las hijas hagan su propio capricho mediante el uso de sus encantos femeninos. No hay nada malo en la femineidad, pero cuando se utiliza como un medio para imponer la voluntad propia, entonces está siendo mal empleada.

El castigo no termina cuando se guarda la vara. Es esencial que haya un tiempo de reconciliación antes de que el padre y el hijo se separen. Una vez castigué a mi hijo, y luego de cumplir el castigo, dejé la vara y regresé a la sala, diciéndome: "He cumplido con mi responsabilidad". Mi esposa me miró y me dijo:

—No has terminado.

—¿Qué me quieres decir? —le respondí.

—Tu hijo te necesita.

El estaba aún en su dormitorio llorando. Entonces comprendí algo: cuando Dios nos disciplina, no nos abandona. Nos restaura. Hay purificación y reconciliación. El niño necesita que se le confirme que la situación que exigió el castigo ya ha terminado, que uno lo perdona, y que no es rechazado.

Después de que el niño castigado haya llorado un rato razonable, el padre que lo castigó debe preocuparse de que ese llanto termine. Si es demasiado, puede llevarlo a la autoconmiseración. Esta es también la razón por la cual el padre no debe abandonar de inmediato a su hijo después de castigarlo. A menudo, el niño correrá hacia el otro padre en busca de simpatía y lástima, y algunas veces las conseguirá. Esto también debe evitarse.

Después del llanto viene un momento muy especial para que padre e hijo se abracen. El padre debe volverle a confirmar su amor al hijo. Así como Dios nos purifica y nos perdona cuando pecamos, tan pronto como nos arrepentimos y confesamos el pecado, así los hijos deben saber que los padres les perdonan sus ofensas. Un corto tiempo de oración en que tomen parte los dos también es algo significativo después de la aplicación del castigo.

Constancia

Algunas personas se desaniman en cuanto a la disciplina de sus hijos, simplemente porque les parece que el castigo no es eficaz. Suelen decir: "Yo castigo con severidad a mis hijos, y no obtengo resultados". Por ejemplo, un padre le dice a su hijo que vaya a acostarse. Cinco minutos después, el niño está levantado caminando por la sala. El padre vuelve a ponerlo en la cama. Pocos minutos después, el niño vuelve a levantarse. En ese momento, el padre comienza a disgustarse. Su enojo va en aumento. El ciclo se repite por tercera vez. En esta ocasión, el padre le da una nalgada y le dice: "¡Te dije que te acostaras, así que vete a la cama!" El niño comienza a hacer bulla y a ponerse majadero. El padre le da otra rápida nalgada y le dice que se quede quieto. El niño se pone más majadero todavía, así que el padre, cansado, le permite que se quede levantado un poco más. Este tipo de disciplina sólo irrita al hijo, en lugar de hacerlo obedecer.

Si el castigo no ayuda a producir felicidad y obediencia en los niños, esto se debe simplemente a una de las dos razones siguientes. La primera es que el castigo no se hace en la forma correcta, como en el caso que acabamos de mencionar. Puede suceder que no se aplique durante suficiente tiempo o que no se haga con la suficiente fuerza para producir arrepentimiento. La segunda razón es la inconstancia. Cada uno de los padres tiene que comprometerse a aplicar el castigo como una forma de disciplina. Esto debe estar bien claro en la mente y la voluntad de los padres. No debe ser dejado de lado cuando alguno de los padres se sienta emocionalmente cansado. Tan pronto como se fijen las normas del hogar, los padres tienen que atenerse a ellas. Apenas se le dice al hijo que haga algo, los padres tienen que esperar que obedezca.

Recibí la siguiente carta de una joven madre, que me dice cómo ella y su marido llegaron a poner en claro este asunto en su corazón:

"Decidimos reducir nuestra disciplina durante unas tres semanas porque las paredes de nuestro apartamento eran sumamente delgadas. A través de ese tiempo, Dios nos mostró que su método (la vara) es el único que sirve. En esas semanas hubo un verdadero caos en nuestra familia. Bueno, esto sirvió para indicarnos que la fe es obediencia a la Palabra de Dios, y que nosotros estábamos perdidos fuera de ella. Descubrimos que, sin importar cuáles sean las circunstancias, primero tenemos que ser obedientes a la verdad que Dios ya nos ha dado, para poder crecer en la fe. Hemos comprendido que, aunque no hagamos en el presente otra cosa que educar a nuestros hijos, no hay otra manera mejor de utilizar el tiempo. Desde que llegamos a esta conclusión, nos hemos sentido liberados. La disciplina ya no es una faena doméstica, sino una bendición. Los dos últimos días, hemos disfrutado de un cambio en la personalidad de nuestro hijo; está comenzando a ser un niño feliz. Aún no se ha adaptado por completo, pero damos gracias a Dios por los resultados. Estos tiempos de dificultad han unido mucho a la familia, y el Señor nos está acercando cada día más hacia El. Pensamos que es muy importante para Dios, y por tanto, para nosotros, que nuestra familia esté en orden. Por la gracia de Dios y por su amor, continuaremos andando en ese sendero estrecho, que es el recto. ¡El Señor es tan bueno con nosotros!"

Si los padres son constantes, los niños aprenderán que su obediencia y sus actitudes son lo más importante para sus padres. Si la madre está limpiando el piso, o lavando los platos, y hay necesidad de disciplina, debe dejar lo que tenga entre manos, y administrar de inmediato la disciplina necesaria. Los platos o la aspiradora pueden esperar mientras el niño aprende a obedecer.

Algunos padres castigan a sus hijos un par de veces por sus actitudes incorrectas, o en ciertas ocasiones en que desobedecen, pero luego dejan de castigarlos cuando se repiten las faltas. En tales casos, los niños ganan la batalla, imponiendo su voluntad en contra de la de sus padres, lo que refuerza su actitud de obrar conforme a su propio capricho. Los padres no deben perder ese tipo de competencia: tienen que hacerles saber a sus hijos quién es el que tiene la autoridad. La constancia en el castigo es lo que se lo hace saber.

Cuando nuestro hijo tenía unos dos años de edad, mi esposa lo castigó por desobedecerle repetidamente en cierto asunto. Como no vio un cambio claro en su conducta, mi esposa dijo: "Creo que bien pudiéramos dejar de castigarlo, y tal vez el asunto se resuelva de otro modo". Una amiga suya que la oyó decir esto, le advirtió con mucha sabiduría que si abandonaba el castigo en ese momento, se perderían todos los castigos que le había aplicado hasta entonces, y también se debilitaría la disciplina en otros aspectos. Así que mi esposa decidió continuar castigándolo, sin tener en cuenta el tiempo que necesitaría para ver el cambio en el muchacho. El castigo siguiente fue el útlimo que necesitó en relación con aquel problema. Cuando ella ya estaba a punto de rendirse, se encontraba en realidad a sólo un castigo de distancia de la victoria.

Todo padre debería hacer un cartel para colocarlo en su hogar. El cartel diría: "¡SE CONSTANTE!" Mediante la constancia en disciplinar a los hijos, los padres les manifiestan la forma más elevada de amor. La disciplina no mete a los hijos dentro de una camisa de fuerza; más bien los libera de la desobediencia y de actitudes que deforman y obstaculizan su bienestar y el desarrollo de su personalidad.

Danielito, de cuatro años de edad, le preguntó un día a la madre: "¿Por qué no nos castigas cada vez que te desobedecemos?" Un niño sabe internamente cuándo hace lo malo y necesita ser castigado. Aunque no lo expresen con palabras, como lo hizo Danielito, sienten la necesidad y desean que haya constancia.

Una vez que el niño haya sido educado, y con el apoyo continuo de la vara, haya aprendido a ser obe-

diente y a mantener actitudes correctas mientras sea
niño, cuando crezca, tal vez sólo necesite unas palabras de represión para rectificar su mala conducta.
"Porque el mandamiento es lámpara, y la enseñanza
es luz, y camino de vida las represiones que te ins-
truyen" (Proverbios 6:23).

Excusas para no castigar

1. "No tiene suficiente edad para comprender".

Si un niño tiene suficiente edad para comprender el
significado de palabras como "perrito", "helados", o
"adiós", entonces tiene edad también para entender
la palabra "no". He oído hablar a padres que se jactan
con respecto a lo inteligentes que son sus hijos: "Ya
sabe decir adiós con la manito"; o "Ya sabe jugar a las
palitas". Pero cuando se trata de la desobediencia y
de ser una molestia para las demás personas, dicen
que el niño no entiende, y por tanto, hay que tolerarlo.
Esto no es más que una excusa para no castigar.

2. "Está muy cansado hoy. Siempre se pone desobediente cuando está cansado".

Esta es una excusa usada con frecuencia para tole-
rar la desobediencia. Lo notable es que dos minutos
antes de desobedecer, el niño no estaba cansado. Sin
embargo, después de la desobediencia, de repente,
"está muy cansado". Aunque un niño esté cansado,
debe aprender a controlar su conducta y su actitud.

3. "No tuvo la culpa".

Juanito quiere jugar con la pelota con la que está
jugando su hermana Susanita, por ejemplo. Patea,
llora, gime y se agita, mientras dice: "Quiero la pelota".

Pudiera ser que su padre justificara su conducta,
pensando: "Si tuviera la pelota, no estaría así. Le voy
a decir a Susanita que le preste la pelota, para que se
sienta feliz".

Un razonamiento así, le echa indirectamente a Susanita la culpa de la destestable conducta de Juanito. Si ella no tuviera la pelota, Juanito se sentiría bien. Pero es fácil comprender que lo que está mal es la conducta del niño, y que debe ser castigado.

Otro ejemplo: Juanito le miente a su mamá continuamente. Sin embargo, ella le echa la culpa de las mentiras de Juanito a Pedrito, su compañero de juegos. Pedrito fue el que le enseñó a decir mentiras; por lo tanto, Juanito no tiene la culpa.

Aunque los hijos se reúnan con otros niños de mala conducta, los padres tienen que exigirles una conducta correcta. El principio básico consiste en castigarlos cuando se comportan mal. Siempre es difícil determinar quién tiene la culpa o la responsabilidad. Sin embargo, lo que los padres tienen que controlar, es la conducta de sus hijos.

4. "Se porta así, porque no estamos en casa".

Si están haciendo una visita en alguna parte, o se hallan de vacaciones, no tiene por qué echarle la culpa de la desobediencia y los caprichos de sus hijos al nuevo ambiente. Su obligación es obedecerle dondequiera que estén. USTED es la seguridad de su hijo; SU PALABRA debe ser obedecida en cualquier sitio en donde estén ya sea en las tiendas, el zoológico o hasta en casa de su abuelita.

5. "Parece que no se siente bien. Probablemente le esté saliendo un diente".

Los padres tienen que ser sensibles a la necesidad que tienen sus hijos de tener descanso adecuado y cuidados especiales cuando no se sienten bien, y no deben castigarlos por estar enfermos. Pero no debe justificarse la desobediencia diciendo que "no se sienten bien". Si un niño está muy enfermo, se sentirá tan mal, que no tendrá deseos de desobedecer. Pero si todo lo que tiene es un leve resfriado, o que le está saliendo un diente, la palabra "no" aún sigue significando "no", y la palabra "sí" sigue significando "sí".

6. "Es herencia. Es idéntico a su tío Jaime. Malgenioso igual que él".

La vara de la corrección hará frente a cualquier rasgo de la personalidad que no sea correcto, aun cuando haya alguien en la familia, al que no se le haya aplicado la vara. Es probable que ya sea demasiado tarde para el tío Jaime. Pero puede estar seguro de que no es demasiado tarde para su hijo.

7. "Cuando crezca, se enderezará".

Cuando el hijo crezca, es posible que deje los actos externos de desobediencia. Pero no abandonará las actitudes relacionadas con ella. Cuando los niños comienzan a asistir a la escuela, por ejemplo, pronto aprenden que si quieren tener amigos, no deben pellizcar a los demás niños, ni pegarles. Aprenden a conformarse externamente a ciertas normas de conducta. Pero aquellas actitudes que eran las que los hacían pellizcar y pegar se manifestarán en otras formas de conducta agresiva. La disciplina, aplicada desde temprana edad por los padres, corregirá esas actitudes pecaminosas.

11

La enseñanza

Amor

Ejemplo

> "Ahora, pues, hijos, oídme, y bienaventurados los que guardan mis caminos. Atended el consejo, y sed sabios, y no lo menospreciéis".
> (Proverbios 8:32, 33)

Disciplina

ENSEÑANZA

". . . trayendo a la memoria la fe no fingida que hay en ti, la cual habitó primero en tu abuela Loida, y en tu madre Eunice, y estoy seguro que en ti también . . . Pero persiste tú en lo que has aprendido y te persuadiste, sabiendo de quién has aprendido; y que

desde la niñez has sabido las Sagradas Escrituras, las cuales te pueden hacer sabio para la salvación por la fe que es en Cristo Jesús" (2 Timoteo 1:5; 3:14, 15).

Los padres son los mejores maestros que los niños podrán tener jamás. Y lo más grande que los padres pueden enseñarles a sus hijos, es la Palabra de Dios. Según el apóstol Pablo, en los versículos antes citados, la vigorosa vida espiritual de Timoteo no era consecuencia que hubiera asistido a alguna institución religiosa prominente, o algún programa dinámico de Escuela Dominical, sino el resultado de haber sido enraizado en las Escrituras en su propio hogar, desde su más tierna infancia. Lo que les enseñamos a nuestros hijos, es vital para su madurez, su carácter y su bienestar total.

El tiempo que antecede a la escuela es vital para que los padres enseñen a su hijo en el hogar. Por lo tanto, deben ejercer toda su influencia para poder establecer el curso y la orientación de las vidas de sus hijos y ayudarles a formar su carácter y personalidad. A medida que los hijos crecen, es importante que se les dé una buena oportunidad de instruirse. Pero no debe considerarse la instituición educacional, sea pública o privada, como la fuente principal de su formación para la vida. La institución educacional que se halla fuera del hogar, bien sea pública y secular, o privada y cristiana, debe cumplir con su papel de reforzar lo que los hijos han aprendido en el hogar. Los padres deben tratar de que la institución les enseñe a sus hijos aquellas cosas que ellos no están capacitados para enseñarles, como por ejemplo, álgebra o química. Pero los valores y principios básicos que tienen que ver con la vida y con la espiritualidad deben proceder de los padres. Si ellos permiten que la influencia externa de la televisión, las revistas, las películas y la filosofía de otras personas, sea la fuente principal de los valores y de la personalidad de sus hijos, entonces la educación que reciban no será la que necesitan.

En cierta ocasión, fui director de educación cristiana, y descubrí que una de las necesidades más grande de los niños, era la de recibir la enseñanza paterna en su hogar. Un programa de Escuela Dominical más amplio, unos maestros dinámicos, o un plan de estudios muy elaborado, poco podían hacer sin una enseñanza adecuada en el hogar. Sin embargo, muchos padres consideraban el programa de la Escuela Dominical como una obra de rescate, y no como un ministerio de apoyo.

Un día, en la época de Navidad, fui a la clase de la Escuela Dominical para los grados quinto y sexto, y les pregunté a los niños cuál era el significado de la Navidad. Pudieron darme información acerca de los juguetes y de los adornos, pero ninguno pudo decir nada significativo con respecto al nacimiento de Cristo.

Los padres necesitan enseñar la Biblia, que es la Palabra de Dios

Hay una importante relación entre la enseñanza y aplicación de la Palabra de Dios a nuestros hijos y su crecimiento en obediencia y felicidad. La relación entre la Palabra y la felicidad de la persona, fue declarada por Jesús, en Juan 8:32: "Y conoceréis la verdad, y la verdad os hará libres".

El conocimiento de la verdad es la mayor fuerza liberadora en la vida de cualquier persona. Muchos, sin embargo, creen que la libertad consiste en poder hacer lo que quieran. Pero la libertad auténtica sólo viene de tener la facultad de hacer lo que es *recto*. Cuando se les enseña a los hijos la verdad de la Palabra de Dios, a medida que vayan respondiendo a ella, irán experimentando la verdadera liberación. Quedarán libres de egoísmo, de culpa y de esclavitud.

La relación entre la Palabra de Dios y la obediencia fue establecida por Jesús cuando dijo: "Cualquiera, pues, que me oye estas palabras, y las hace, le compararé a un hombre prudente, que edificó su casa sobre la roca" (Mateo 7:24). Cuando se enseña a los niños a obedecer a sus padres, también se les está enseñando a obedecer a Dios y a su Palabra, porque la Palabra de Dios es la base de la obediencia a los padres. Cuando ésta comienza en la tierna infancia, sirve como preparación para una vida de obediencia a Dios.

> La ley de Jehová es perfecta, que convierte el alma;
> El testimonio de Jehová es fiel, que hace sabio al sencillo.
> Los mandamientos de Jehová son rectos, que alegran el corazón;
> El precepto de Jehová es puro, que alumbra los ojos.
> El temor de Jehová es limpio, que permanece para siempre;
> Los juicios de Jehová son verdad, todos justos.
> Deseables son más que el oro, y más que mucho oro afinado;
> Y dulces más que miel, y que la que destila del panal.
> Tu siervo es además amonestado con ellos;
> En guardarlos hay grande galardón" (Salmo 19:7-11).

En esta pequeña porción de la Escritura se declaran los tremendos efectos y beneficios que la Palabra de Dios puede producir en la vida de nuestros hijos. Es capaz de llevarlos al punto de la salvación personal, la sabiduría, el gozo, la iluminación, la pureza. La Palabra es lo más grande que les podemos enseñar. Los padres tienen que estar convencidos de esto. Tienen que colocar su valor por encima de la riqueza y de los bienes materiales.

Si nuestras Biblias permanecen en un estante recogiendo polvo, los niños no se convencerán del verdadero valor de la Escritura. Jeremías dijo: "Fueron halladas tus palabras, y yo las comí; y tu palabra me fue por gozo y por alegría de mi corazón" (Jeremías 15:16).

Enseñarles a los hijos la Palabra de Dios, es mucho más que limitarse a atestarles la cabeza con algunos hechos. Significa enseñarles a recibirla como verdadero alimento. Por medio de nuestra reverencia a la Palabra, les podemos crear un hambre de ella. Esa hambre nace en el niño cuando comprende que la Palabra inspirada de Dios es exaltada como fuente de gran tesoro y sustentamiento. "Toda la Escritura es inspirada por Dios, y útil para enseñar, para redargüir, para corregir, para instruir en justicia" (2 Timoteo 3:16).

La Palabra de Dios puede ser enseñada de tres maneras. Ciertamente, la manera superficial consiste en enseñarla como una colección de hechos y datos. Esto es, hacer hincapié en el número de libros que tiene la Biblia, el número de secciones en que se dividen, quién escribió cada uno de dichos libros, y cuándo y dónde vivieron los escritores. La segunda manera profundiza más. Consiste en enseñar la información contenida en el texto: ¿qué fue lo que Dios creó y en cuál día? los milagros divinos realizados por medio de Moisés; lo que hizo Daniel cuando fue lanzado en el foso de los leones, etc. La tercera manera de enseñar la Palabra de Dios es la más profunda, y consiste en comunicar las verdades y los principios espirituales del reino de Dios que se ecuentran dentro de los mismos relatos. Cuando los niños ven y entienden estas verdades fundamentales y estos principios de las Escrituras, pronto aprenden a aplicar la Palabra de Dios a sus vidas por fe y obediencia. Esto hace que la Palabra de Dios se convierta en su alimento espiritual.

En otras palabras, los niños necesitan saber que Daniel fue lanzado al foso de los leones, pero también necesitan comprender la importancia de la obediancia de Daniel y cómo Dios honró esa obediencia. Necesitan conocer los milagros que hizo Jesús, pero también necesita comprender la importancia de la obediencia que fue la que hizo que se produjeran esos milagros. Quiero decir con esto, que los niños necesitan tener la Palabra de Dios no sólo en la mente, sino también en el corazón. Es bueno que los niños ganen una competencia que consista en aprender versículos de memoria en la iglesia. Pero es mucho más importante que aprendan a andar por el sendero de la Palabra de Dios en el mundo en que viven. Cuando la Palabra de Dios llegue a ser el alimento espiritual de los hijos, los padres podrán prepararlos para que sean vigorosos de espíritu. Jesús dijo: "Las palabras que yo os he hablado son espíritu y son vida" (Juan 6:63).

Hay un viejo refrán inglés que dice: "Muchos pierden el cielo por 18 pulgadas". Esa (aproximadamente 45 centímetros) es la distancia que hay entre la cabeza y el corazón. La Palabra de Dios actúa dentro del individuo, desarrollándole personalidad semejante a la de Cristo, y le da sabiduría para aceptar la vida desde el punto de vista de Dios. Con todo un conjunto de prioridades y valores espigados de las Escrituras, los niños sabrán tomar sus propias decisiones, juzgar la personalidad de los demás, y ordenar sus propias vidas.

Cuando los padres establecen una relación espiritual con sus hijos por medio de la Palabra de Dios, pudieran estar comprometiéndose en algo que duraría toda la vida. Cuando los hijos crecen y abandonan el hogar, llegan a ser independientes en muchos aspectos. Pero algo que los hijos no tienen por qué abandonar, es la unión espiritual y la orientación de sus padres, tal como fueron establecidas en el hogar. Es un vínculo espiritual que permanece y ata el corazón en el amor cristiano.

Cuándo se debe enseñar

Existen dos oportunidades diferentes en que puede enseñárseles la Palabra de Dios a los hijos. La primera sería un momento estructurado, planificado, organizado. A esta actividad algunos le dan el nombre de "devociones familiares". Consiste en apartar un momento del día en que toda la familia se reúne para compartir la Palabra de Dios. Este tiempo se puede emplear de muchas maneras para enseñar, compartir ideas y orar.

No importa cuál sea el método empleado para utilizar este tiempo planificado. Lo importante es que toda la familia comparta esa convivencia espiritual. Se puede leer la Biblia, discutir principios, compartir problemas, cantar himnos y coros y orar. Los padres también deben animar a todos para que dediquen algunos ratos al aprendizaje de versículos bíblicos de memoria y a meditar sobre ellos. Estas oportunidades así planificadas, constituyen una parte muy importante de la convivencia familiar y de la disciplina.

También es fundamental enseñarles a los niños en tiempos no planificados.

> . . . y las repetirás a tus hijos, y hablarás de ellas estando en tu casa, y andando por el camino, y al acostarte, y cuando te levantes (Deuteronomio 6: 7).

> ¿A quién se enseñará ciencia, o a quién se hará entender doctrina? ¿A los destetados? ¿a los arrancados de los pechos? Porque mandamiento tras man-

damiento, mandato sobre mandato, renglón tras renglón, línea sobre línea, un poquito allí, otro poquito allá (Isaías 28:9, 10).

Antes de que nuestro primer hijo comenzara a asistir a la escuela, yo solía sentirme molesto si mi esposa no pasaba un tiempo fijo al día enseñándole la Palabra de Dios. Un día, ella se las arregló para que yo comprendiera que pasaba mucho tiempo enseñándole pero que no era un tiempo planificado. Fue entonces cuando comprendía que el simple hecho de vivir ofrece la más grande ocasión para el aprendizaje. Cuando Jesús instruyó a sus discípulos, no tomó en alquiler un salón de actos durante tres años, para que ellos se sentaran y oyeran una serie de conferencias. Lo que hizo fue enseñarles basándose en la vida, hablándoles acerca de su reino mientras viajaban de lugar en lugar, se enfrentaban con los problemas y se mezclaban con la multitud.

En nuestro hogar, llegamos a descubrir que los caminos de Dios pueden conocerse a través de lo que ocurre en la vida ordinaria. No tratamos de atragantar a nuestros hijos con muchas lecciones en poco tiempo. Más bien, poco a poco, línea por línea, pensamiento tras pensamiento, verdad tras verdad, compartimos con ellos lo que nosotros comprendíamos de los caminos de Dios, mientras jugábamos, trabajábamos y viajábamos juntos. En estos ambientes espontáneos, no planificados, les dimos algunas de las lecciones bíblicas más significativas. Los discípulos de Jesús aprendieron acerca de la profundidad y la amplitud del amor de Dios, cuando caminaban por una ladera observando los lirios del campo. Aprendieron lo que es el gran poder de Dios, cuando acudieron a Jesús en busca de pan para alimentar a una multitud hambrienta.

Un día, cuando nuestros hijos ya estaban grandes,

íbamos de paseo en el auto de la familia. Uno de ellos vio algo que le despertó la curiosidad con respecto a la magia. Comenzó a hacernos preguntas sobre el tema. Ese momento, no planificado, nos ofreció una oportunidad para enseñarle lo que dice la Palabra de Dios acerca de la magia, la brujería y el ocultismo. Así pudimos hablar sobre el poder de Dios, que es mayor que el de Satanás.

En otra ocasión, estaba yo viendo un programa de televisión con los niños. En el espectáculo, una persona oraba pidiendo ayuda. Pero el mensaje que se presentaba relacionado con la oración en ese relato era trivial y contrario a la Biblia. Cuando terminó el programa, utilicé el relato que habían visto para enseñarles algo acerca del punto de vista bíblico sobre la oración. El programa de televisión me ofreció la ocasión para darles una instrucción útil sobre la oración: en la misma forma en que la narración televisada les había interesado, les interesaron también las explicaciones bíblicas.

Todos los padres pueden hallar estas ocasiones espontáneas para enseñarles a sus hijos. El padre cristiano tiene que buscarlas, preverlas y aceptarlas con gusto. La curiosidad de un niño y su interés, llegan a su más alto nivel durante estas agradables oportunidades inesperadas. Estos momentos son usados por Dios para enseñarnos cosas significativas que permanecen para toda la vida.

La enseñanza es algo tan importante, mientras sea posible, siempre debe estar uno de los padres en el hogar. Si el hijo tiene una pregunta o algún problema, y no está ninguno de los padres cerca para ayudarle a hallar la respuesta o resolver el problema, acudirá a otra persona o a otra cosa en busca de ayuda, y no hay garantía de que la semilla que se deposite en el niño en ese momento, sea la correcta. El problema de que am-

bos padres tengan empleos fuera del hogar, especialmente durante los años pre-escolares, cuando se forma
en gran parte la personalidad de sus hijos, es algo que
debe ser considerado muy cuidadosamente, y por lo
cual se debe orar. Se debe ver si hay algunas otras al-
ternativas para cubrir las necesidades de la familia.
El niño necesita de sus padres mucho más que de las
cosas. Algo que los padres tienen obligación de darles
a sus hijos, es el tiempo y la atención que necesiten.
En ese tiempo siempre surgen asuntos prácticos en los
cuales se le pueden impartir al hijo las instrucciones,
las respuestas, y la orientación para la vida diaria que
tenemos en la Palabra de Dios.

Cuando los niños aprendan la Palabra y la apliquen
a su vida, descubrirán el amor grande y personal que
Dios les tiene. Llegarán a comprender que Jesús murió
por ellos, que aceptó la muerte por sus pecados, y que
El vive para ellos, para ser su Señor y su Amigo. Los
padres necesitan mostrarles a sus hijos el camino
hacia Jesús, guiarlos hacia una relación real y viva con
El. Esto puede ocurrir a muy temprana edad. Los
niños pequeños tienen una actitud muy abierta, y no
tienen barreras intelectuales que les impidan llegar a
una confianza sencilla y sin complicaciones. Jesús
dijo: "De cierto os digo, que si no os volvéis y os hacéis
como niños, no entraréis en el reino de los cielos"
(Mateo 18:3). El mayor privilegio y gozo que un padre
puede experimentar, es el de poder darle a conocer a
su hijos el gran amor de Jesús y todo lo que El hizo, y
guiarlo a una relación personal con El.

Nuestros dos hijos aceptaron a Jesús como su Salvador personal antes de los cuatro años de edad. Yo tuve
la oportunidad de ver a nuestro hijo Joey recibir a
Jesús en su corazón. Mi esposa fue la que condujo a
nuestra hija Lydia a los pies de Cristo. Le dio una sencilla explicación; la niño oró y le abrió su corazón a

Jesús, y después de orar literalmente saltó de gozo. Ese gozo no se ha agotado hasta el día de hoy.

Hay que enseñarles a tener personalidad

La personalidad es algo que se aprende y se desarrolla en la vida del niño. No es un don ni un premio, ni algo que se obtiene tomando alguna pastilla, o comiendo algo especial. La personalidad semejante a la de Cristo, es algo que se aprende. La Biblia dice: "Dios es el que en vosotros produce así el querer como el hacer, por su buena voluntad" (Filipenses 2:13).

Una de las cosas importantes que se les deben enseñar a los niños para el desarrollo de su personalidad es cómo trabajar. A muchas personas no se les han enseñado los principios de seriedad, cuidado y minuciosidad que distinguen al buen obrero. Tal vez el padre no pueda enseñarle al hijo la destreza técnica que necesita cierto trabajo, como por ejemplo, la carpintería, pero al niño se le puede enseñar a desarrollar en su vida una personalidad que haga de él un buen trabajador, cualquiera que sea su trabajo. Los niños necesitan comenzar a aprender a temprana edad, recogiendo los juguetes y limpiando sus habitaciones. A medida que vayan creciendo, podrán aprender a cumplir otras responsabilidades de la casa.

Este aprendizaje impide que los niños caigan en la holgazanería y en la actitud del que piensa: "el mundo tiene que sostenerme". Aprender a trabajar ayuda a desarrollar el aprecio del niño por lo que tiene y por lo que es. Le enseña el respeto hacia su propiedad y hacia la de los demás. De esta forma, pueden descubrir que el trabajo es una bendición y un beneficio para ellos. El desarrollo de una personalidad como la de Cristo en los niños, incluye otros aspectos prácticos, como los buenos modales, la etiqueta, la cortesía, la hospitalidad, la pulcritud y la generosidad.

A medida que van creciendo los hijos, va siendo importante que los padres les enseñen las razones por las cuales muchas veces se les dijo que "no", y los motivos de las normas del hogar por las cuales se rigieron. La causa de una norma, o de un no, no es la razón por la cual se le exige obediencia al niño. Ellos no necesitan explicaciones para obedecer las órdenes de sus padres. Un niño no obedece porque algo le parezca razonable. La importancia de enseñarles el porqué, está en que se les da a conocer la razón por la cual los padres actúan en la forma en que lo hacen. Esto pone los cimientos para que ellos comiencen a desarrollar sus propias convicciones personales sobre los asuntos que habrán de afectar sus elecciones y decisiones durante toda la vida. Cuando se les enseña a los hijos el porqué, se les está explicando la razón por la cual se establecieron las reglas. Por ejemplo, aprenderán que no se trata solamente de que no puedan ver ciertos programas de televisión, sino por qué no es bueno que los vean. Sabrán por qué no son deseables ciertas palabras, por qué deben evitarse ciertas actitudes y formas de conducta. Además, la explicación del porqué los ayudará a aceptar los principios absolutos de la Palabra de Dios, y a tener discernimiento para no aceptar todo lo que la sociedad enseña y exige.

Nuestra enseñanza también debe incluir la preparación de los hijos para las diversas etapas de crecimiento y desarrollo por las cuales habrán de pasar, entre ellas, la adolescencia y la vida adulta. A medida que el niño crece, es posible que haga preguntas sencillas relacionadas con el nacimiento y el sexo, como por ejemplo: "Mami, ¿de dónde vine yo?" En estas oportunidades, es importante contestarle con veracidad. Déle suficiente información para satisfacer la curiosidad de ese momento. Con esto se establecerá una base sólida y fuerte para enseñarle posteriormente con más detalles lo relacionado con el cuerpo humano, el proceso de reproducción y las responsabilidades sociales.

Recordemos que no se podrá enseñar ni entender todo en un día, una semana, un mes, ni un año. La repetición es necesaria porque aprendemos línea por línea, aquí un poco y allí otro poco, a través de toda la vida.

12

El ejemplo adecuado

Amor

> "Vosotros sois la luz del mundo . . . Así alumbre vuestra luz delante de los hombres, para que vean vuestras buenas obras, y glorifiquen a vuestro Padre que está en los cielos".
>
> (Mateo 5:14, 16)

EJEMPLO

Disciplina

Enseñanza

Yo disfruto tanto de un culto de testimonios en la iglesia como cualquier otro cristiano. Es bueno oir hablar a los demás sobre lo que Dios hace en su vida. También me encanta el servicio de testimonios, cuando las personas dicen en qué forma su vida ha sido bendecida y ayudada por otros. Los miembros de la familia en especial, deben tener testimonios positivos sobre aquéllos con los cuales Dios les ha permitido vivir.

Dios quiere que las vidas de los padres sean un tipo de ejemplo consecuente con lo que profesan. Esto no significa que los padres nunca vayan a cometer un error, ni que sus hijos los vayan a juzgar por hipocresía.

La hipocresía se hace evidente en las vidas de los padres, si viven en conformidad con una doble norma. Los niños conocen cuándo los padres viven de una manera en público, y de otra en el hogar.

Los padres tienen que vivir de una manera íntegra y abierta delante de su familia. Deben admitir cualesquiera errores o fallas en que incurran. Deben disculparse con sus hijos, si los han ofendido injustamente, en vez de pasar por alto la injusticia o tratar de justificarla.

Cuando los padres andan sincera y humildemente delante de sus hijos, no están amenazando con ellos su posición ni su autoridad delante de la familia. Si algo están haciendo, es establecerla. "Antes del quebrantamiento se eleva el corazón del hombre, antes de la honra es el abatimiento" (Proverbios 18:12). Por medio de la humildad, los padres manifiestan su deseo de vivir delante de sus hijos, como Dios quiere que vivan. La humildad también revela que los padres necesitan por completo de la gracia y del poder de Dios en sus vidas para satisfacer este deseo. Jesús dijo: "separados de mí nada podéis hacer" (Juan 15:5).

Sin el ejemplo de una vida que ponga en práctica las cosas que se enseñan en el hogar, los niños estarán carentes de la mayor influencia que necesitan para que su vida reciba el estímulo de la obediencia y la felicidad. Un ejemplo correcto crea hambre, deseo y esperanza en sus corazones. En cambio, el mal ejemplo crea amargura y resentimiento. Jesús nos ofrece el ejemplo de una vida agradable a Dios. El revelaba al Padre, no sólo en lo que decía, sino en lo que hacía. Además, el propósito de Dios es que nos conformemos a la imagen de su Hijo. "Porque a los que antes conoció, también los predestinó para que fuesen hechos conformes a la imagen de su Hijo, para que él sea el primogénito entre muchos hermanos" (Romanos 8:29).

Pablo declara: "Sed imitadores de mí, así como yo de Cristo" (1 Corintios 11:1). Pablo no tenía temor de que la gente examinara su vida para ver si ponía en práctica lo que enseñaba. La gente usa con demasiada frecuencia la expresión: "No me mire a mí, mire a Jesús", como una manera de justificar sus inconsecuencias.

"Lo que aprendisteis y recibisteis y oísteis y visteis en mí, esto haced; y el Dios de paz estará con vosotros" (Filipenses 4:9). Si tiene el deseo de ver que sus hijos reciben a Jesús como Señor de su vida, es necesario que ellos vean que El es de verdad el Señor de la suya. Tendrán que ver, por las decisiones que haga y las prioridades que establezca, que considera su relación con Jesús como lo más importante de su vida. Los padres no pueden engañar a sus hijos en este sentido. Si usted ama al Señor, no tendrá que repetírselo mucho; ellos lo sabrán.

Los padres no deben tener temor de servirles de ejemplo a sus hijos. No hay necesidad de vivir en el hogar como quien pisa sobre huevos. Ser ejemplo, es tener una actitud de apertura y libertad para con las personas con las cuales vivimos. Para ser un buen ejemplo no se necesita la frustración, ni tampoco el esfuerzo por ser uno espiritual. Los padres deben demostrar que pertenecer a Jesús significa la liberación de la personalidad y no su encarcelamiento. El ejemplo debe ser de tal naturaleza, que convenza a los hijos de que Dios los ama y los acepta, y desea expresarse por medio de la unicidad de cada persona.

Creo que si yo tengo una actitud de apertura en mi relación con Dios y con mi familia, mis hijos también la tendrán hacia Dios y hacia mí. Ellos podrán ver si me gusta vivir con Jesús, y aprenderán que la verdadera espiritualidad no significa andar con los hombros caídos, utilizar ropa negra, o mantener una expresión solemne y severa en el rostro, sino más bien, andar y crecer en el amor de Dios.

Es importante también que los padres presenten buen ejemplo en lo relacionado con el carácter y las actitudes. Hay muchas cosas que hacen los adultos, y que los niños no pueden hacer debido a las limitaciones de la edad y la falta de madurez, pero si se les da ejemplo en cuanto a las actitudes, se les ayuda a prepararse para hacerles frente a situaciones posteriores de la vida. Por ejemplo, los padres quieren que los hijos manifiesten el respeto debido hacia la autoridad. Sin embargo, si ellos no tienen en cuenta las normas que se fijan en las paredes, tales como "No arroje papeles al piso", o si conducen su vehículo a una velocidad más rápida que la establecida en las regulaciones de tránsito, les estarán dando ejemplos en los que no está de manifiesto el respeto por las autoridades.

Sea una fuente de estímulo

"El hombre se alegra con la respuesta de su boca; y la palabra a su tiempo, ¡cuán buena es!" (Proverbios 15:23). Es maravilloso poder decir lo bueno en tiempo oportuno. Las personas necesitan estímulo. Un cumplido hace maravillas en cuanto a animar a cualquiera.

Un día fui a la compañía de electricidad para pagar mi cuenta. Cuando me acerqué a la empleada que estaba en el mostrador, le dije:

—Gracias por la buena atención. Gracias por el fantástico trabajo que ustedes están haciendo. Realmente, aprecio mucho a esta compañía.

—¿Qué dijo usted? —contestó la mujer, asustada.

—Le dije que gracias por hacer un trabajo tan bueno. Quiero que ustedes sepan que para mí, la cuenta que pago es en realidad una ganga. Cuando pienso en la luz con la que veo por las noches, la energía para que funcione mi refrigerador y conserve los alimentos, la diversión que me proporciona mi fonógrafo, y todo lo que me ayuda en la cocina la electricidad, por la cantidad que pago cada mes, considero que es realmente barata.

—Usted sabe, señor —dijo ella— no me acuerdo cuándo fue la última vez que alguien dijo algo agradable en este lugar. ¡Así que usted me arregló el día!

La gente está recibiendo constantemente un bombardeo de críticas y negativismo. Las quejas se han convertido en un pasatiempo para muchas personas. ¡Que refrescante es para la familia cuando se manifiesta una actitud y una disposición de gratitud en el hogar!

Por ejemplo, después de que sus hijos hayan rastrillado el patio, dígales que les agradece el trabajo que han hecho. Utilice buenos modales con ellos. Use las expresiones: "por favor" y "muchas gracias". Aprenda a expresar por medio de palabras, la gratitud que siente por las cosas que hacen los miembros de la familia para que la vida sea más fácil. Otra manera de expresar su estima, consiste en decirles a sus hijos palabras como las siguientes: "Estoy agradecido de que seas miembro de mi familia". Los niños aprenden observando a sus padres. Muchas veces, los padres dicen: "¿Dónde habrá aprendido eso mi hijo?" La respuesta es, con mucha frecuencia, que lo ha aprendido de sus padres.

Manifieste un interés genuino

Gran parte de la felicidad del niño le viene de saber que complace a las personas que ama. Una de las mejores maneras de darle la seguridad de que le agrada, consiste en manifestar interés en aquello que a él le interesa. Esto significa que hay que apartar tiempo y atención para oir lo que dice, y observar lo que hace. También significa que hay que saber pasar largos momentos con él, sin interrupciones.

Yo solía pensar que yo era algo así como un rey, y mi hogar era mi castillo. Esperaba que todos me sirvieran. Cuando regresaba del trabajo a la casa por las tardes, en vez de manifestar interés en lo que mi esposa había hecho en ese día, o en lo que habían hecho los muchachos, me dirigía hacia mi silla de descanso, tomaba el periódico de la tarde, me quitaba los zapatos y me dedicaba a descansar. Les daba a entender claramente a todos, que no quería que nadie me interrumpiera deciéndome o mostrándome cosas.

Un día, ya me iba para mi silla, cuando sentí que Dios me hablaba acerca de mi actitud. Comprendí que no era el ejemplo que El quería que fuera, porque estaba colocando mis propios intereses por encima de los intereses de los demás miembros de mi familia. Comprendí también que tenía que abandonar la actitud de esperar que los demás me sirvieran. Descubrí que mi familia necesitaba mi atención en ese momento, mucho más que lo que yo necesitaba unos pocos minutos de vida privada.

Lo interesante es que cuando comencé a poner en práctica mi nuevo descubrimiento, en mi familia se desarrolló una nueva manera de atenderme a mí y a mis necesidades. Por medio de mi ejemplo, aprendieron a ser sensibles a las necesidades e intereses de los demás.

Cumpla lo que prometa

"Ni por tu cabeza jurarás, porque no puedes hacer blanco o negro un solo cabello. Pero sea vuestro hablar: Sí, sí; no, no; porque lo que es más de esto, de mal procede" (Mateo 5:36, 37).

Una de las cosas más importantes que debe hacer *ante sus hijos*, es ser persona de una sola palabra. ¡Cuando diga que va a hacer alguna cosa, hágala! Si dice que va a llevar a sus hijos a algún lugar, llévelos. Las promesas nunca deben hacerse con liviandad. Sus hijos necesitan saber que pueden confiar en lo que usted diga. Si en alguna ocasión ha hecho una promesa apresurada que después no puede cumplir, acuda a sus hijos, explíqueles el asunto y pídales perdón. Ellos entenderán lo que ha pasado, y eso no debilitará su confianza en su palabra. Sin embargo, no cometa el error de prometerles algo y luego olvidarlo, o hacer otros planes que sean más convenientes para usted. El hecho de no cumplir su palabra, puede convertirse en motivo de profundos resentimientos para sus hijos.

Este principio del cumplimiento de palabra también es válido cuando se niega alguna cosa. A los hijos, no siempre hay que prometerles muchas cosas. Deben aceptar un "no" con tanta satisfacción como un "sí". El hecho de negarle algo, no debilita la confianza del niño, pero sí la debilitamos cuando decimos "no", pero no lo decimos en serio.

Otra manera importante de crear confianza consiste en hablarles con veracidad a los hijos. Los padres nunca deben permitir que un cuento de hadas o una historia inventada tome el lugar de la verdad. La confianza es uno de los elementos más grandes que contribuyen a la felicidad del hijo. Cuando usted los ayude a desarrollar esa confianza, se convertirá en el ejemplo positivo que necesitan para sus años de vida adulta.

Los padres deben tener la costumbre de no salir sin decir a dónde van y a qué hora regresan. Esto creará en los hijos confianza hacia sus padres. Si un padre acostumbra a "escaparse", en sus hijos se pueden desarrollar tanto la desconfianza, como una sensación de temor e inseguridad.

Hay una expresión que a menudo surge en las conversaciones de los cristianos. Es más o menos así: "Esa persona piensa tanto en el cielo, que no sirve para nada en la tierra". La verdad es que, si la gente pensara verdaderamente en el cielo, serviría de mucho aquí en la tierra. El problema real suele estar en que las personas piensan demasiado en lo terrenal y en lo celestial no sirven para nada.

Cuando hacemos nuestra la mente de Cristo, descubrimos que El está muy interesado en la manera como vivimos ante los demás. Cuando leemos libros del Nuevo Testamento, como Efesios o Colosenses, aprendemos que los cristianos tenemos una herencia espiritual y una victoria en Cristo. Luego, estos libros nos dicen cómo se espera que opere esa relación espiritual en cada vida. Así descubrimos que la vida que está escondida con Cristo en Dios es muy práctica.

Dios se preocupa por la manera en que vivimos ante nuestras familias. Aun el detalle más pequeño de nuestra vida es importante para El. Cuando yo era un cristiano más nuevo, recuerdo que pasé por un período de unos dos años, durante el cual Dios tuvo que recordarme que no tirara papeles al piso, sin regresar a recogerlos y colocarlos en el basurero. Descubrí que debía atender a este aspecto de mi vida, porque Dios me amaba a mí, y también a los que me rodeaban. Con esto Dios no estaba comportándose como un tirano, ni colocándome en esclavitud, al recordarme continuamente que la basura debía estar en su sitio. Lo hizo para ayudarme a desarrollar una nueva dimensión de interés por los demás. Pronto me di cuenta de que, al responder a lo que Él me recordaba, otros aspectos de mi vida comenzaron a estar más ordenados también. En general, yo había sido bastante perezoso y descuidado. No me preocupaba mucho por cosas que deberían haberme preocupado. Era un desorganizado; un mal mayordomo de las cosas que poseía. Pero cuando comencé a prestarles atención a las cosas pequeñas, como recoger trozos de papel desechados, también comencé a arreglar mi cuarto, a organizar mi cómoda, y a tener más cuidado con mis posesiones y con las de los demás. Luego de este período de atención a los pequeños detalles, descubrí que en mi vida se habían desarrollado nuevos hábitos. Ser ordenado y cuidadoso llegó a convertirse en algo normal y espontáneo para mí.

Cuando usted se entrega a Dios para que le ayude a ser un padre cristiano, descubrirá que hay muchos aspectos pequeños y prácticos que son importantes para Él, aunque otras personas no los consideren importantes. Sin embargo, Dios lo hará sensible en algunos aspectos pequeños. Esto afectará la manera de vestir, la limpieza de la casa, el cuidado del patio, la preparación de las comidas, o el cuidado del auto. Pero este aspecto, cualquiera que sea, se convertirá en algo importante para desarrollarlo, a fin de que llegue a ser un ejemplo adecuado para sus hijos y el Señor pueda cumplir en usted su meta final, que es la de conformarlo a la imagen de su Hijo.

13

Unas palabras para los padres solteros

". . . No que seamos competentes por nosotros mismos para pensar algo como de nosotros mismos, sino que nuestra competencia proviene de Dios" (2 Corintios 3:5).

Aunque el material de este libro está dirigido a las parejas casadas, matrimoniales, los mismos principios para criar a los hijos en felicidad y obediencia se aplican a los padres solteros. Si usted es un padre soltero o una madre soltera, tenga buen ánimo. Las necesidades especiales que tiene, pueden ser una fuerza positiva que lo acerque a Dios. Tiene que acudir a El en busca de ayuda; recuerde que El ha prometido satisfacer sus necesidades.

Si trata de ser totalmente autosuficiente en su paternidad, se sentirá frustrado y terminará en un fracaso seguro. Dios puede ser su fortaleza, su sabiduría, su protector y quien satisfaga sus necesidades. Para sus hijos será también el padre o la madre que les falta. "Aunque mi padre y mi madre me dejaran, con todo, Jehová me recogerá" (Salmo 27:10). La gracia y el amor de Dios pueden revelarse en su familia de una manera muy especial, si acude a El en busca de una ayuda especial.

14

Unas palabras a los que comienzan tarde

"Y os restituiré los años que comió . . . la langosta"
(Joel 2:25).

Si sus hijos ya son mayores, y no fueron educados conforme a los principios de la Palabra de Dios, no se desanimen. Nunca es tarde para comenzar. La obra de Dios es un ministerio de restauración. El puede tomarlos desde el lugar en que están y comenzar a devolverles el terreno que hayan perdido con sus hijos.

Comiencen inmediatamente a obedecer al Señor en aquellos aspectos de su vida en que El les indica que necesitan corrección. Hablen con sus hijos acerca del compromiso que han hecho de seguir a Cristo en su condición de padres. Háganles saber, si es así, que hasta este momento, han fracasado definitivamente como padres. Pídanles perdón también.

Luego, confíen en que el Señor les dará la sabiduría y la dirección que necesitan. Algunas cosas comenzarán a cambiar inmediatamente. Otras necesitarán tiempo y pueden significar un arduo trabajo, y un cambio en la manera de hacer las cosas. Es más difícil arrancar un árbol que ya lleva creciendo varios años, que una planta pequeña; sin embargo, ese árbol puede ser arrancado de raíz. Dios será su fortaleza cuando traten de cambiar su vida familiar. De todos modos,

El nunca ha tenido la intención de que la labor de padres sea realizada por ustedes solos. Pablo dijo: ". . . Mi poder se perfecciona en la debilidad. . . cuando soy débil entonces soy fuerte. . ." (véase 2 Corintios 12:9, 10).

Lo importante es comenzar hoy. Cuando un avión se dirige hacia cierto punto de destino, es vital que permanezca en el curso de vuelo planificado. Si se desvía unos pocos grados, su destino quedará alterado. Cuando Dios les indica a los padres qué cambios deben hacer, es necesario que lo obedezcan. Hagan lo que Dios les indique. Con el tiempo, eso significará que su familia llegará al destino deseado. Confíen hoy en Dios en todo lo que respecta a su vida y a la de sus hijos.

15

Unas palabras sobre el Espíritu Santo

"No con ejército, ni con fuerza, sino con mi Espíritu, ha dicho Jehová de los ejércitos" (Zacarías 4:6).

La familia está siendo fuertemente atacada hoy. Sus enemigos son muchos; entre ellos se incluyen el ataque de Satanás, las filosofías ateas y las presiones materialistas. La Biblia nos dice: "Si Jehová no edificare la casa, en vano trabajan los que la edifican" (Salmo 127:1). La familia que realmente tiene éxito, es la que edifica sobre los cimientos de la Palabra de Dios, y sobre una confianza diaria en el poder del Espíritu de Dios para resistir y vencer estos ataques.

La felicidad y la obediencia de los hijos no surgen gracias a alguna técnica especial, sino que fluyen de una relación con Dios por medio de su Hijo, Jesucristo. Es imposible que nosotros, mediante nuestra propia fuerza y nuestras capacidades, seamos los padres que debemos ser. Pero Dios sí puede capacitarnos para hacer aquello a lo cual El mismo nos ha llamado.

Si luego de leer este libro, usted desea tener hijos felices y obedientes, y nunca ha tenido el gozo de disfrutar de una relación personal con Dios a través de Jesucristo, éste mismo sería un momento maravilloso para comenzar. Ante todo, tiene que arrepentirse de sus pecados y confesarle a Dios que usted ha sido destituido de su gloria, porque ha tratado de seguir su propio camino. "Por cuanto todos pecaron, y están destituidos de la gloria de Dios" (Romanos 3:23). Luego, por fe en la sangre que Cristo derramó, reciba el perdón de Dios. "Si confesamos nuestros pecados, él es fiel y justo para perdonar nuestros pecados, y limpiarnos de toda maldad" (1 Juan 1:9). Abrale su corazón a Jesús y recíbalo por fe como su Salvador y Señor. "Mas a todos los que le recibieron, a los que creen en su nombre, les dio potestad de ser hechos hijos de Dios" (Juan 1:12).

Cuando reciba a Cristo como su Salvador personal, la Biblia dice que recibe también un nacimiento espiritual. Nace de nuevo, espiritualmente. El Espíritu de Cristo se une a su espíritu. "Y si alguno no tiene el Espíritu de Cristo, no es de él . . . Pues no habéis recibido el espíritu de esclavitud para estar otra vez en temor, sino que habéis recibido el espíritu de adopción, por el cual clamamos: ¡Abba, Padre! El Espíritu mismo da testimonio a nuestro espíritu, de que somos hijos de Dios" (Romanos 8:9, 15, 16).

El Espíritu Santo vino para servirle de Consolador y guía. El le enseñará a ser con sus hijos la misma clase de padre que Dios es para con sus hijos espirituales. Lo guiará en la dirección en que necesita caminar su familia. Tomará las cosas de Cristo y le hará ver que son reales.

Si ya está en relación con Dios por medio de Cristo, pero se siente derrotado en su condición de padre de familia, permita que la derrota misma lo empuje hacia Cristo y hacia el Espíritu Santo en busca de ayuda. Si ya conoce lo que es la derrota, entonces ya sabe que no puede realizar solo la labor de ser padre. La Biblia dice: ". . . sed llenos del Espíritu" (Efesios 5:18). Eso significa aceptar el poder de Dios y permitir que ese poder obre a través de su persona. Pídale ahora que lo llene con su Espíritu Santo.

Las necesidades de todas las familias nunca son exactamente las mismas. Necesitamos la guía diaria del Espíritu Santo para saber cómo aplicar la Palabra de Dios a las necesidades específicas de nuestra familia. Los caminos de Dios son perfectos, y El quiere darle su Espíritu Santo para que lo guíe por ese camino perfecto. Cuando lo siga, verá los frutos apacibles de la justicia en su vida y en la de los suyos.

Si tiene alguna pregunta con respecto a su relación personal con Dios por medio de Jesucristo, o sus relaciones con sus hijos, por favor escríbanos:

ROY LESSIN
c/o EDITORIAL BETANIA
6820 AUTO CLUB ROAD
MINNEAPOLIS, MINNESOTA 55438

En esta misma dirección puede obtener información sobre la posibilidad de llevar a cabo un Seminario en inglés sobre "Cómo criar hijos felices y obedientes", en su localidad.

La mujer sujeta al Espíritu

Beverly LaHaye

¡Un libro para mujeres, escrito por una mujer!

No hay nada más fascinante que el estudio del porqué la gente actúa como lo hace, y lo que el Espíritu Santo puede hacer para fortalecer las debilidades que una mujer pueda tener.

LA MUJER SUJETA AL ESPIRITU es un libro relacionado con el temperamento y la vida llena del Espíritu Santo, escrito específicamente para las mujeres. Este es un estudio fascinante y muy práctico que abarca cada etapa de la vida de la mujer: los años de la juventud y del noviazgo, la mujer soltera y la que trabaja, la maternidad, el divorcio, la viudez, la menopausia y otras.

El libro de continuo fomenta la mejor relación de la mujer con Dios y su familia, ayudándola a comprenderse a sí misma y las peculiaridades de su temperamento. Conducirá a los hombres a un mejor entendimiento de sus esposas.

¡Un libro para usted, ahora!

Adquiera este libro en su librería predilecta.

EDITORIAL BETANIA

Sensible en su discernimiento...
Fascinante por su practicidad...

EL VARÓN
y Su Temperamento

Es un estudio franco y refrescante de las principales características de la personalidad masculina. Ese penetrante análisis le permitirá al lector identificar y comprender tanto las virtudes como los defectos en su persona.

Sensitivo en su discernimiento y fascinante por su practicidad, este libro comunica *lo que todo hombre quisiera decirle a su mujer acerca de sí mismo, pero no se atreve.* El hombre y la mujer de hoy hacen esfuerzos por comprenderse, aceptarse, y ayudarse mutuamente. Tim LaHaye proporciona un maravilloso punto de partida.

Adquiera este libro en su librería predilecta.